TEST 1 詳解

聽力測驗（第 1-20 題，共 20 題）

第一部分：辨識句意（第 1-3 題，共 3 題）

1. (**C**) (A)   (B)   (C)

John enjoys taking a bath. 約翰喜歡洗澡。

* bath〔bæθ〕*n.* 洗澡；沐浴   ***take a bath*** 洗澡

2. (**A**) (A)   (B)   (C)

Susan and Kent are listening to music.
蘇珊和肯特正在聽音樂。

3. (**A**) (A)   (B)   (C)

| **CX－0635** | **CX－0645** | **GS－0635** |

W: Which is Peter's car?
M: It's CX0635.
女：哪一台是彼得的車？
男：是 CX-0635。

第二部分：基本問答（第 4-10 題，共 7 題）

4. (**C**) How often do you go to a bookstore? 你多常去書店？
   (A) Near my home. 在我家附近。
   (B) With my brother. 和我兄弟一起。
   (C) About twice a week. 大約一週兩次。

   * bookstore〔'buk‚stor〕*n.* 書店；書局
   near〔nɪr〕*v.* 接近；靠近

5. (**C**) How about going to a movie? 去看電影如何？
   (A) It's on Market Street. 在市場街上。
   (B) It's about cowboys. 是有關牛仔的。
   (C) OK. But I'll ask my parents first.
   好。但是我要先問我父母。

   * cowboy〔'kau‚bɔɪ〕*n.* 牛仔

6. (**B**) John, where's your brother? 約翰，你的兄弟在哪裡？
   (A) He likes to go to the gym. 他喜歡去健身房。
   (B) He's playing in the park. 他正在公園裡玩。
   (C) He goes to the bookstore once a week.
   他一個禮拜去書店一次。

   * gym〔dʒɪm〕*n.* 健身房；體育館

7. (**A**) What do you do in your free time?
   你空閒的時候都做什麼？
   (A) I sometimes play basketball. 我有時候打籃球。
   (B) I get up early every day. 我每天都很早起。
   (C) I'm not free this weekend. 我這個週末沒空。

   * free〔fri〕*adj.* 自由的；空閒的　　***free time*** 空閒時間

8. (**B**) Excuse me, is this seat taken?

不好意思，這個座位有人坐嗎？

(A) No way. 不可能。

(B) No, it's not. 不，沒有。

(C) I'm very busy today. 我今天很忙。

* seat〔sit〕*n.* 座位

9. (**C**) When is your birthday? 你生日什麼時候？

(A) I'm twelve years old. 我十二歲。

(B) Happy birthday. 生日快樂。

(C) It's tomorrow. 是明天。

10. (**B**) Hi, Mike. I haven't seen you for a long time. How are you doing? 嗨，麥可。我好一陣子沒看到你了。你好嗎？

(A) I'm watching TV. 我正在看電視。

(B) I'm OK, thanks. 還可以，謝謝。

(C) I'm at school. 我在學校。

第三部分：言談理解（第 11-20 題，共 10 題）

11. (**B**) W：Hi, Bob. You're late. What happened?

女：嗨，鮑伯。你遲到了。發生什麼事？

M：Sorry. There was a terrible accident, and all the cars couldn't move.

男：抱歉。有一場可怕的車禍，所有車都動不了。

Question：Why was the man late?

這位男士為什麼遲到？

(A) Because he couldn't find his car.

因為他找不到他的車。

(B) Because the traffic was terrible.

　　因為交通狀況很糟。

(C) Because he was sick. 因為他生病了。

* terrible〔'tɛrəbl̩〕*adj.* 可怕的；糟糕的
  accident〔'æksədənt〕*n.* 事故；意外
  traffic〔'træfɪk〕*n.* 交通

12. (**B**) W : Did you have a good time at the party, David?

女：你在派對玩得開心嗎，大衛？

M : Sure. The music was great, and I saw my favorite singer.

男：當然。音樂很棒，我還見到我最喜歡的歌手。

Question : What did David think about the party?

　　　　大衛覺得派對如何？

(A) It was terrible. 很糟糕。

(B) It was wonderful. 很棒。

(C) It was serious. 很嚴肅。

* *have a good time* 玩得開心
  favorite〔'fevərɪt〕*adj.* 最喜愛的
  wonderful〔'wʌndəfəl〕*adj.* 不可思議的；很棒的
  serious〔'sɪrɪəs〕*adj.* 嚴肅的；嚴重的

13. (**C**) M : May I help you?

男：需要幫忙嗎？

W : Yes. I'd like to look at that red sweater. How much is it?

女：是的。我想看那件紅色毛衣。多少錢？

M : It's one thousand dollars.

男：一千元。

Question : Where are the man and the woman?

這位男士和女士在哪裡？

(A) In a restaurant. 在餐廳。

(B) In the living room. 在客廳。

(C) In a department store. 在百貨公司。

* sweater (ˈswɛtɚ) *n.* 毛衣　　restaurant (ˈrɛstərənt) *n.* 餐廳
  department store 百貨公司

14. (**A**) M : How was your English test, Susan?

男：妳的英文考試結果如何，蘇珊？

W : I got seventy five.

女：我拿到七十五分。

M : Seventy-five? You have to stay home on the weekend and study harder.

男：七十五？你週末得留在家裡，更認眞讀書了。

Question : What does the father think of his daughter's test?　這位父親覺得女兒的考試結果如何？

(A) He is not happy about it. 他不滿意。

(B) He is not worried about it. 他不擔心。

(C) He thinks that the test is too difficult.

他覺得考太難了。

* stay (ste) *v.* 停留　　worried (ˈwɝɪd) *adj.* 擔心的

15. (**B**) So we've finished lesson six. Do you have any questions? All right. Now, I'm going to play the tape for lesson six again. Close your eyes and listen carefully.

所以，我們第六課上完了。有任何問題嗎？好吧。現在我要再播一次第六課的錄音帶。閉上眼睛並仔細聽。

Question：What is the speaker going to do?

說話者將要做什麼？

(A) Close her eyes. 閉上她的雙眼。

(B) Play the tape. 播放錄音帶。

(C) Ask questions. 問問題。

* finish〔'fɪnɪʃ〕v. 結束；完成

   tape〔tep〕n. 錄音帶；卡帶

   carefully〔'kɛrfəlɪ〕adv. 仔細地；細心地

16. (**B**) W：Wow, you're really good at swimming.

女：哇，你真會游泳。

M：Thank you. Don't you swim?

男：謝謝。你不游泳嗎？

W：No, not really. I like jogging, hiking and dancing.

女：不，不太游。我喜歡慢跑、健行和跳舞。

Question：What does the woman like?

這位女士喜歡做什麼？

(A) Swimming. 游泳。

(B) Hiking. 健行。

(C) Roller-skating. 溜冰。

* jog〔dʒɑg〕v. 慢跑   hike〔haɪk〕v. 健行；遠足

   roller-skating〔'rolɚ͵sketɪŋ〕n. 溜冰

17. (**C**) M：Hello. I've found a little boy, and he says he can't find his mother.

男：哈囉。我發現一個小男孩，他說他找不到媽媽。

W：Does he know where he lives? Or his phone number?

女：他知道他住在哪裡嗎？還是他的電話號碼？

M : I don't think so.

男：我不這麼認為。

W : Okay. Can you bring him here? We're on Park Street.

女：好吧。你可以把他帶過來嗎？我們在公園路上。

Question : Who is the woman talking to on the phone?

這位女士在和誰講電話？

(A) A teacher. 老師。

(B) A doctor. 醫生。

(C) A police officer. 警官。

* ***I don't think so***. 我不認為。　　　bring〔brɪŋ〕*v.* 帶來

police officer 警官

---

18. (**B**) One day, Mary was walking on the street and found a dog with a hurt leg. She took it to an animal hospital. The dog stayed there for five days. When it could walk again, Mary took it home. And then, they became good friends.

有一天，瑪莉走在街上，發現一隻腿受了傷的狗。她把狗帶去動物醫院。狗在那邊待了五天。當狗又可以走路的時候，瑪莉將牠帶回家。然後，她們成了很好的朋友。

Question : What's the story about?

這個故事關於什麼？

(A) A good animal hospital. 一個好的動物醫院。

(B) Mary helped a dog. 瑪莉幫助了一隻狗。

(C) Many people are afraid of dogs. 很多人害怕狗。

* hurt〔hɜt〕*adj.* 受傷的；負傷的　　***be afraid of*** 害怕

---

19. (**C**) M : Did you read "Girls' Talk"?

男：你看過「女孩對話」這本書嗎？

W : Yes, and I like it. It helped me a lot. You should also read it.

女：有啊，我很喜歡。它幫了我很多。你應該也要讀一讀。

M : Mmm… I will buy it right away.

男：嗯…我會馬上去買。

Question : What's "Girls' Talk"? 「女孩對話」是什麼？

(A) A computer game. 電腦遊戲。

(B) A movie. 電影。

(C) A book. 書。

* *right away* 馬上　　movie〔'muvɪ〕*n.* 電影

20. (**B**) W : How do you feel about Paru?

女：你覺得帕魯怎麼樣？

M : It's beautiful. There isn't much traffic, the roads are very clean, and there are many trees along the streets. People are nice, too.

男：很美。沒有很多車，道路很乾淨，而且街道沿路有很多樹。人也很好。

W : We also have many famous museums and theaters.

女：我們還有很多有名的博物館和戲院。

M : Oh, yeah. I'm going to visit some of them tomorrow.

男：噢，對。我打算明天要去參觀其中一些。

Question : What's Paru? 帕魯是什麼？

(A) A park. 公園。

(B) A city. 城市。

(C) A department store. 百貨公司。

* museum〔mju'ziəm〕*n.* 博物館
theater〔'θiətɚ〕*n.* 戲院

閱讀測驗（第 21-60 題，共 40 題）

第一部分：單題（第 21-35 題，共 15 題）

21. (**A**) 我們的狗總是把食物藏在地底下。當牠需要時就把它<u>挖</u>出來。

    (A) **dig** 〔 dɪg 〕*v.* 挖；掘

    (B) hand 〔 hænd 〕*v.* 傳遞；面交

    (C) knock 〔 nɑk 〕*v.* 敲；打

    (D) pack 〔 pæk 〕*v.* 裝；擠滿

    * hide 〔 haɪd 〕*v.* 把…藏起來

    under 〔 ˈʌndɚ 〕*prep.* 在～下面

    ground 〔 graʊnd 〕*n.* 土地；地面

22. (**C**) <u>在鐵路上</u>玩是很危險的。火車隨時都會來。

    (A) in the airport 在機場

    (B) on the playground 在運動場

    (C) **on the railway** 在鐵路上

    (D) on the sidewalk 在人行道

    * dangerous 〔 ˈdendʒərəs 〕*adj.* 危險的；不安全的

    airport 〔 ˈɛrˌport 〕*n.* 機場

    playground 〔 ˈpleˌgraʊnd 〕*n.* 運動場；遊樂場

    railway 〔 ˈrelˌwe 〕*n.* 鐵路；鐵道

    sidewalk 〔 ˈsaɪdˌwɔk 〕*n.* 人行道

23. (**D**) 湯瑪士先生在每年的教師節，從他的學生那裡收到許多的卡片和花；他實在是個<u>受歡迎的</u>老師。

    (A) careful 〔 ˈkɛrfəl 〕*adj.* 小心的；仔細的

    (B) crazy 〔 ˈkrezɪ 〕*adj.* 瘋狂的

    (C) lonely 〔 ˈlonlɪ 〕*adj.* 孤獨的；寂寞的

    (D) **popular** 〔 ˈpɑpjəlɚ 〕*adj.* 受歡迎的

    * card 〔 kɑrd 〕*n.* 卡片

24. (**A**) 我不敢相信你吃了<u>最後</u>一塊披薩,甚至沒有留一口給我。

    (A) ***last*** 〔 læst 〕 *adj.* 最後的;剩下的

    (B) least 〔 list 〕 *adj.* 最小的;最少的

    (C) less 〔 lɛs 〕 *adj.* 較小的;較少的

    (D) most 〔 most 〕 *adj.* 最多的

    * piece 〔 pis 〕 *n.* 一塊;一片 < *of* >   pizza 〔'pitsə〕 *n.* 披薩

       bite 〔 baɪt 〕 *n.* 一口

25. (**A**) 如果你想喝湖裡的水,先將它<u>煮沸了</u>,否則你會生病。

    (A) ***boil*** 〔 bɔɪl 〕 *v.* 煮沸;燒開

    (B) burn 〔 bɝn 〕 *v.* 燒焦

    (C) carry 〔'kærɪ〕 *v.* 攜帶;運送

    (D) cook 〔 kʊk 〕 *v.* 煮;烹飪

    * lake 〔 lek 〕 *n.* 湖   ***get sick*** 生病

26. (**D**) 我每天走路上學,<u>直到</u>上個月,我爸爸買了一輛腳踏車給我。
騎腳踏車上學十分有趣而且方便。

    (A) after 〔'æftɚ〕 *conj.* 在~之後

    (B) because 〔 bɪ'kɔz 〕 *conj.* 因為

    (C) if 〔 ɪf 〕 *conj.* 如果;假如

    (D) ***until*** 〔 ən'tɪl 〕 *conj.* 直到

    * bike 〔 baɪk 〕 *n.* 腳踏車   fun 〔 fʌn 〕 *adj.* 有趣的

       convenient 〔 kən'vinjənt 〕 *adj.* 方便的;便利的

27. (**A**) 喬<u>最不</u>喜歡夏天,因為夏日的高溫使她嚴重失眠。

    (A) ***least*** 〔 list 〕 *adv.* 最不 ***like~the least*** 最不喜歡~

    (B) last 〔 læst 〕 *adv.* 最後;上次

    (C) first 〔 fɝst 〕 *adv.* 最先;首先

    (D) best 〔 bɛst 〕 *adv.* 最好;最佳 ***like~the best*** 最喜歡~

    * serious 〔'sɪrɪəs〕 *adj.* 嚴重的   heat 〔 hit 〕 *n.* 熱度

28. (**D**) 肯蒂決定明年搬到台北，當她要在那裡讀藝術學校，就和她的阿姨<u>住在</u>一起五個月。

依句意，住在台北這件事是未來才會發生，選 (D) *will live*。

* decide〔dɪˋsaɪd〕*v.* 決定
art〔ɑrt〕*n.* 藝術；美術

29. (**D**) 我父親昨晚告訴我，我們這週末要去美食節，我弟弟和我感到非常興奮。

依文法，*that* 後面接名詞子句當作受詞，故選 (D)。

* festival〔ˋfɛstəvḷ〕*n.* 節慶
weekend〔ˋwikˏɛnd〕*n.* 週末
excited〔ɪkˋsaɪtɪd〕*adj.* 興奮的

30. (**D**) 昨天你在圖書館遇到的女士<u>將送給</u>我們學校許多書。

依句意，選 (D) *will give*。

* library〔ˋlaɪˏbrɛrɪ〕*n.* 圖書館　　　*a lot of* 許多

31. (**A**) 這個貧窮家庭只有<u>足夠</u>今天吃的麵包。沒有任何剩餘東西明天吃。

(A) *enough*〔ɪˋnʌf〕*adj.* 足夠的
(B) few〔fju〕*adj.* 幾乎沒有的；很少
(C) much〔mʌtʃ〕*adj.* 許多的；大量的
(D) other〔ˋʌðɚ〕*adj.* 其他的

* poor〔pur〕*adj.* 貧窮的　　　bread〔brɛd〕*n.* 麵包

32. (**A**) 這家餐廳的雞肉炒飯很好吃，所以在用餐時，<u>店</u>總是擠滿了人。

依句意，餐廳擠滿人，要用代名詞 it 代替 the restaurant，故選 (A) *it is*。

> * restaurant (ˈrɛstərənt) *n.* 餐廳
> delicious (dɪˈlɪʃəs) *adj.* 美味的
> chicken (ˈtʃɪkɪn) *n.* 雞肉　　rice (raɪs) *n.* 米飯
> ***chicken and rice*** 雞肉炒飯　　***be full of*** 充滿～
> mealtime (ˈmil,taɪm) *n.* 用餐時間

33. (**C**) 在晚餐時間，我常常喜歡告訴媽媽在學校<u>發生</u>的每件事。

> *依句意，學校的事已發生，用過去式，且應用關係代名詞*
> *引導形容詞子句故選* (C) ***that happened***。

> * enjoy (ɪnˈdʒɔɪ) *v.* 喜愛；享受

34. (**C**) 比利：我修理電腦已經超過三小時了，但是它還是不會動。

> 娜娜：為什麼你不休息一下<u>晚點</u>再試？或許你那時會做得比
> 　　　較好。

> (A) early (ˈɝlɪ) *adv.* 早；提早
> (B) finally (ˈfaɪnḷɪ) *adv.* 最後；終於
> (C) ***later*** (ˈletɚ) *adv.* 較晚地；更晚地
> (D) once (wʌns) *adv.* 一次；曾經

> * fix (fɪks) *v.* 修理
> computer (kəmˈpjutɚ) *n.* 電腦
> ***take a rest*** 休息

35. (**C**) 葛瑞絲：哇！你的房間一直都這麼<u>整齊</u>嗎？

> 畢安卡：嗯，我喜歡把所有東西放到該放的位置。

> (A) bright (braɪt) *adj.* 光亮的
> (B) quiet (ˈkwaɪət) *adj.* 安靜的
> (C) ***tidy*** (ˈtaɪdɪ) *adj.* 整齊的
> (D) warm (wɔrm) *adj.* 溫暖的

> * right (raɪt) *adj.* 適合的

第二部分：題組（第 36-60 題，共 25 題）

（36～38）

　　在布魯鎮的某個星期四早晨，我注意到很多人正要去教堂。之後，所有在街上的人都停下來站在原地。所有的人<u>都</u>安靜了兩分鐘的，每個人看起來很嚴肅。
　　　　36

　　我發現這很奇怪，就問一位女士發生了什麼事。她說他們在紀念聖喬治的生日，他在幫助鎮上農民從國王那裡拿回土地時<u>被殺害</u>。之後，我看到一些人在街上戴著花和
　　　　　　　　　　　　37
販賣花。他們告訴我，這些錢會被用來幫助貧困的農民。

　　自那趟旅行之後，我常<u>想到</u>布魯鎮。我時常告訴朋友
　　　　　　　　　　　　38
們這段經驗，並且給他們看我在那裡拍的照片。

【註釋】

notice (ˈnotɪs) v. 注意；察覺　　church (tʃɝtʃ) n. 教堂
serious (ˈsɪrɪəs) adj. 嚴肅的　　strange (strendʒ) adj. 怪異的
commemorate (kəˈmɛməˌret) v. 紀念
farmer (ˈfɑrmɚ) n. 農夫　　town (taʊn) n. 鎮
land (lænd) n. 土地；田地　　wear (wɛr) v. 穿戴
experience (ɪkˈspɪrɪəns) n. 經驗
show (ʃo) v. 給～看；出示　　picture (ˈpɪktʃɚ) n. 照片；圖片

36. (**C**) 依句意，描述當時的情況，屬過去式，故選 (C) *were*。

37. (**B**) 依句意，選 (B) *was killed*。 * kill 〔 kɪl 〕 *v.* 殺害；殺死

38. (**C**) 依句意，選 (C) *have thought*。

(39~41)

> 在一個小鎮上維生並不容易。但是開創新事業也是個好機會，
> 　　　　　　　　　　　　　　　　　　39
> 如果一小鎮有某個特別可以為傲的東西，就可以賺很多錢。台灣雲
> 林縣的古坑鄉就是一個例子。古坑以種植好咖啡而聞名已久，可是
> 他們直到幾年前，才開始從咖啡中賺到很多錢。當越來越多人為了
> 咖啡造訪古坑，咖啡農開始向大眾開放他們的農場。在這些農場裡，
> 人們可以從找出咖啡從何而來當中獲得樂趣。另外，古坑鄉到處開
> 　　　　　　　　　　　　　　　　　　　　40
> 了咖啡廳，而人們在一天的造訪之間或之後，可以在人行道上休息
> 和品嚐美味的咖啡。新事業使住在鄉裡的人可能能過更好的生活。
> 　　　　　　　　　　　　41
> 他們不用離開家鄉到其他地方找工作。

【註釋】

make a living 謀生　　chance 〔 tʃæns 〕 *n.* 機會；希望 < of >
bring in 帶進；賺進（錢）　　special 〔ˋspɛʃəl 〕 *adj.* 特別的；專門的
proud 〔 praʊd 〕 *adj.* 驕傲的　　*be proud of* 為～而驕傲
famous 〔ˋfeməs 〕 *adj.* 出名的；著名的　　*be famous for* 以～著名
grow 〔 gro 〕 *v.* 栽培；種植　　coffee 〔ˋkɔfɪ 〕 *n.* 咖啡
more and more 越來越…　　visit 〔ˋvɪzɪt 〕 *v. n.* 參觀；拜訪
farm 〔 farm 〕 *n.* 農場　　public 〔ˋpʌblɪk 〕 *n.* 民眾；大眾
find out 發現；找出　　*all over* 到處
taste 〔 test 〕 *v.* 嚐到；體驗　　business 〔ˋbɪznɪs 〕 *n.* 事業
possible 〔ˋpasəbḷ 〕 *adj.* 可能的　　job 〔 dʒab 〕 *n.* 工作；職業

39. (**B**) (A) 種植好茶　　　(B) 開創新事業
　　　　　 (C) 銷售老舊農地　　(D) 開一家購物中心
　　　　　 * center〔'sɛntɚ〕*n.* 中心　　***shopping center*** 購物中心

40. (**B**) (A) first〔fɝst〕*adv.* 首先；第一
　　　　　 (B) ***also***〔'ɔlso〕*adv.* 另外
　　　　　 (C) however〔hau'ɛvɚ〕*adv.* 然而
　　　　　 (D) for example 例如

41. (**A**) (A) ***live in*** 住在　　(B) hear about 得知
　　　　　 (C) take a trip to 去旅行
　　　　　 (D) be interested in 對～有興趣

(42～44)

（在海灘）

班　　：嗨，茱蒂！我不敢相信妳會來加入我們！
茱蒂：哈囉，班。我來是因為我喜歡你的想法：當你給予，你就會
　　　 富有。我很高興我可以為地球做些事情。

班　　：對，那就是為什麼我們有這個恢復我們乾淨的海灘的計
　　　 畫。妳知道保羅會來嗎？我記得他也有類似的想法，而
　　　 且他說他會盡量過來。
茱蒂：但是他剛來電說他今天不會來，因為太熱了。

班　　：我不敢相信！他總是說：「我們可以做這個做那個。」
茱蒂：你不知道他嗎？他只會說應酬話，只會說要做但很少去做。

班　　：我了解。我們忘了他吧。不久東尼和蘇菲會來幫助我們。
茱蒂：那太棒了。所以我們該從哪裡開始？我們應該要先撿瓶子？

班　　：當然，我們走吧。

【註釋】

beach〔bitʃ〕*n.* 海灘；海邊　　join〔dʒɔɪn〕*v.* 加入
idea〔aɪˈdiə〕*n.* 想法　　rich〔rɪtʃ〕*adj.* 富有的；有錢的
earth〔ɝθ〕*n.* 地球　　plan〔plæn〕*n.* 計畫
pay lip service 說應酬話
seldom〔ˈsɛldəm〕*adv.* 不常；很少
pick up 收拾；撿起　　bottle〔ˈbɑtl̩〕*n.* 瓶子

42.(**B**) 為什麼班和茱蒂會在海邊？

(A) 去游泳。　　　　(B) 清理沙灘。

(C) 舉行海灘派對。　　(D) 學習有關海洋動物的事。

* party〔ˈpɑrtɪ〕*n.* 派對；宴會

43.(**C**) 茱蒂說保羅只會說應酬話是什麼意思？

(A) 他喜歡吃。　　　　(B) 他擅長唱歌。

(C) 他說得多做的少。

(D) 他親吻人們以表現他的感謝。

* ***be good at*** 擅長　　kiss〔kɪs〕*v.* 親吻

44.(**C**) 哪一項是真的？

(A) 保羅在最後來到海灘。

(B) 去海灘讓茱蒂感覺不好。

(C) 班很驚訝在海灘看到茱蒂。

(D) 東尼和蘇菲將不會來海灘。

* end〔ɛnd〕*n.* 結束；最後

surprise〔səˈpraɪz〕*v.* 使驚奇；使感到意外

(45～46)

```
Send    Save
To:
Subject:
                      B I U A
```

嗨,布蘭達,

妳好嗎?我和我的雙親在何來亞度假。我們到這裡已經兩天
了。昨天我們去一家餐廳並且嚐試吃了 calas。它們非常美味,
我們吃太多了,因為太飽而不能吃晚餐。

今天我的父母帶我去拜訪阿妮塔,我母親的高中同學。大約十
年前,她結婚的時候搬到何來亞。她人非常好,帶我們到市區
到處看看。晚上,我們去劇院看現代舞表演。

明天我們要去購物。晚點我會告訴你更多。

萬事如意
肯蒂

【註釋】

vacation〔ve'keʃən〕*n.* 休假;假期   *be on vacation* 度假
parents〔'pɛrənts〕*n. pl.* 雙親   *too…to* + *V* 太…以致不能～
full〔fʊl〕*adj.* 飽的   *get married* 結婚
theater〔'θiətɚ〕*n.* 劇場;電影院   modern〔'madən〕*adj.* 現代的
modern dance 現代舞   *go shopping* 購物
all the best 萬事如意

45. (**D**) calas 是什麼?

    (A) 一段假期。   (B) 一家餐廳。

    (C) 一場舞蹈表演。   (D) 一種食物。

46. (**D**) 關於阿妮塔，哪一個是真的？

      (A) 她跳舞跳得很好。   (B) 她出生在何來亞。

      (C) 她是高中老師。   (D) <u>她是肯蒂媽媽的老朋友。</u>

（47～48）

查利不記得何時弄丟了他的心

雖然他知道是誰拿走了它

女孩帶著他的心離開，

而他一直在尋找她。

幾年後，查利在路上遇見了女孩。

但她已經不再是他以前認識的那個女孩。

他試著用以前相同的方式和她講話。

但是沒有一樣是她幾年前的樣子。

現在查利知道了：

他可以將心收回，和那女孩告別。

是該讓她走的時候了，隨風去吧。

該是找其他可以偷走他心的人了。

【註釋】

remember〔rɪ'mɛmbɚ〕*v.* 記得   lose〔luz〕*v.* 失去

used to* + *V 以前   ***It's time to* + *V*** 該是～的時候了

else〔ɛls〕*adv.* 其他

47. (**D**) 在這篇文章中，何者沒有被提到或暗示到？
    (A) 過去的愛。   (B) 失去的心。
    (C) 生命的教訓。   (D) 被遺忘的土地。
    * imply〔ɪmˋplaɪ〕v. 隱喻；暗示
      past〔pæst〕adj. 過去的   lesson〔ˋlɛsn̩〕n. 教訓
      forgotten〔fɚˋgɑtn̩〕adj. 被遺忘的   land〔lænd〕n. 土地

48. (**A**) 在最後，查利決定做什麼？
    (A) 停止想那女孩。   (B) 開始寫愛情故事。
    (C) 找出那女孩去過的地方。   (D) 到國外去做長途的旅行。
    * decide〔dɪˋsaɪd〕v. 決定   *in the end* 最後
      stop〔stɑp〕v. 停止   start〔stɑrt〕v. 開始
      foreign〔ˋfɔrɪn〕adj. 外國的   country〔ˋkʌntrɪ〕n. 國家

(49～51)

我做了一個夢——一個奇怪的夢，但可以幫助我更了解艾利克。

在夢裡，艾利克看起來很生氣的說：「蒙麗莎，我有些事要告訴你。」

我和艾利克住在一起超過五年了。它是我有史以來見過最可愛的東西。我一週買一次魚、牛奶和許多玩具老鼠給它。我甚至買了一間小房子給它，因為它有時喜歡獨自一個人。我全心全意地愛它，給它我所有的愛。

但這出了什麼錯呢？在夢裡，艾利克生氣地說，「我不喜歡魚。我不喜歡牛奶。玩具老鼠？你瘋了嗎？我不是一隻貓，而且我也不想當一隻貓！」接著他就跑回去他的小房子。

在這夢之後，我知道更多：狗不喜歡魚或牛奶。確實它們也不喜歡玩具老鼠。最重要的是，它們會讓你知道它們何時真的生氣了。

【註釋】

dream〔drim〕*n.* 夢　　***live with*** 與～住在一起
more than 多於　　cute〔kjut〕*adj.* 可愛的
toy〔tɔɪ〕*n.* 玩具　　mice〔maɪs〕*n. pl.* 老鼠
go wrong 出錯　　surely〔'ʃʊrlɪ〕*adv.* 確實
important〔ɪm'pɔrtn̩t〕*adj.* 重要的
most important of all 尤其；最重要的是

49.(**B**) 在本文中，關於艾利克，我們知道什麼？
　　　(A) 他喜歡貓。　　　(B) <u>他是蒙麗莎的寵物。</u>
　　　(C) 他四歲。　　　(D) 他喜歡和蒙麗莎說話。
　　　* pet〔pɛt〕*n.* 寵物

50.(**B**) 在夢裡艾利克為什麼生氣？
　　　(A) 他沒有很多朋友。
　　　(B) <u>蒙麗莎愛他的方式是錯的。</u>
　　　(C) 蒙麗莎很久沒有帶他出去。
　　　(D) 在蒙麗莎的房子有太多老鼠。
　　　* ***take out*** 帶出　　***for a long time*** 很久

51.(**D**) 為什麼蒙麗莎為艾利克買房子？
　　　(A) 艾利克需要更多的空間放玩具。
　　　(B) 在她的房間艾利克睡不好。
　　　(C) 艾利克太大，不能和她睡同一張床。
　　　(D) <u>艾利克不一定喜歡和別人在一起。</u>
　　　* space〔spes〕*n.* 空間　　share〔ʃɛr〕*v.* 分享；共用

（52～53）

在Catch-Up的學生之夜！！

每週三及週四

拿出你的學生證

享受七點以前兩百元，七點之後兩百五十元的特別優惠價

菜單上任何東西可以點！！（原價：三百五十元）

六人或六人以上一桌，我們招待每人一杯特調飲料！

已經不是學生了？挖出你的舊校服，穿來 Catch-Up！！

你也能在學生之夜享有三百元的特惠價格。

****

把朋友找來 Catch-Up 吧，全鎮最棒的餐廳！

我們每天晚上五點到十一點半營業

【註釋】

night〔naɪt〕*n.* 夜晚　　**student card** 學生證

menu〔'mɛnju〕*n.* 菜單　　**full price** 原價

treat〔trit〕*v.* 招待　　drink〔drɪŋk〕*n.* 飲料

dig〔dɪg〕*v.* 挖；翻　　uniform〔'junə,fɔrm〕*n.* 制服

wear〔wɛr〕*v.* 穿　　**catch up with** 找上；趕上

52. (**D**) 關於「Catch-Up 的學生之夜」，我們知道什麼？

　　　(A) 服務生會穿學校制服。

　　　(B) 學生在七點以前點餐的話會得到免費飲料。

　　　(C) Catch-Up 在學生之夜會營業到比平常更晚。

　　　(D) 不是學生的人還是有機會拿到特惠價格。

　　　* waiter〔'wetɚ〕*n.* 服務生　　free〔fri〕*adj.* 免費的
　　　　chance〔tʃæns〕*n.* 機會

53. (**D**) 派蒂和她的同學去慶祝她的十八歲生日。以下是她在前一天寄給
　　　同學的電子郵件。

日期：二零一零年七月二十七日，星期二
主旨：明晚

親愛的吉妮，珍，伊娃：

　　電影七點開始，所以我們明天約六點四十五分見
面。學生票比較便宜，所以一定要帶學生證！看完
電影，我們會去有名的 Catch-Up 吃晚餐！明天見！

派蒂
備註：別忘了穿上你最漂亮的衣服。

那天晚上，有一個派蒂的同學沒帶學生證。她們在 Catch-Up 付
了多少錢？

　　　(A) 九百元。　　　　　　　　(B) 九百五十元。

　　　(C) 一千元。　　　　　　　　(D) 一千一百元。

　　　* subject〔'sʌbdʒɪkt〕*n.* 主旨　　meet〔mit〕*v.* 見面
　　　　famous〔'feməs〕*adj.* 有名的　　***put on*** 穿上

(54~56)

六個人在一個電視節目上，討論兩家派店。

莉　莉：　我去派屋去二十年了。現在瑪麗的兒子掌管事業，他做
　　　　　的派跟他母親的一樣好。

◇◇◇

奧利佛：　我去過一次派角落，他們的派也很棒。但我覺得在派屋
　　　　　比較舒服。

◇◇◇

奈　得：　駱伊叔叔之前替我母親工作。後來，他結婚之後，在下
　　　　　個街區開了派角落。

◇◇◇

瑪　麗：　駱伊跟我共事時，就已經相當前衛了。我的意思是，他
　　　　　對於派有不同的，有時甚至是奇怪的點子。有好幾次我
　　　　　覺得他的派可能不會好吃，但是結果卻是神奇般的美
　　　　　味。

◇◇◇

　李　：　奈得在派屋做的很好，他的派讓你感到溫暖。但是如果
　　　　　你想要嘗試有趣的東西，你應該去派角落。

◇◇◇

恰　克：　如果吃駱伊的派就如一趟刺激的旅程，那麼奈得的派就
　　　　　像在一趟長途旅行後，回到一個甜蜜的家。

【註釋】

talk about 談論　　pie〔paɪ〕*n.* 派

program〔'progræm〕*n.* 節目　　shop〔ʃap〕*n.* 商店

take care of 照顧；處理　　business〔'bɪznɪs〕*n.* 事業

once〔wʌns〕*adv.* 一次　　comfortable〔'kʌmfətəbl̩〕*adj.* 舒服的

block〔blak〕*n.* 街區　　quite〔kwaɪt〕*adv.* 相當地

avant-garde〔ə͵vant'gard〕*adj.* 前衛的　　time〔taɪm〕*n.* 次數

taste〔test〕*v.* 嘗起來　　*turn out* 結果…

magically〔'mædʒɪkl̩ɪ〕*adv.* 神奇地；不可思議地

delicious〔dɪ'lɪʃəs〕*adj.* 美味的

warm〔wɔrm〕*adj.* 溫暖的　　exciting〔ɪk'saɪtɪŋ〕*adj.* 刺激的

sweet〔swit〕*adj.* 甜美的；愉快的

54. (**C**) 關於這六人，我們知道什麼？
　　　(A) 他們全部兩家店都去過。
　　　(B) 他們都聊派嘗起來如何。　(C) <u>某些人是派店的店主。</u>
　　　(D) 某些人講店主如何對待員工。
　　　* shopkeeper〔'ʃap͵kipɚ〕*n.* 店主　　treat〔trit〕*v.* 對待

55. (**A**) 關於派店，何者為真？
　　　(A) <u>派屋是家族事業。</u>　　　(B) 派角落在派屋旁邊。
　　　(C) 派角落的歷史比派屋長。
　　　(D) 派屋給人晚上過夜的地方。
　　　* *family business* 家族事業　　*be next to* 緊鄰著
　　　history〔'hɪstrɪ, 'hɪstərɪ〕*n.* 歷史

56. (**A**) 文裡的 <u>avant-garde</u> 是什麼意思？
　　　(A) <u>有新的並驚人的想法。</u>
　　　(B) 試著要找出問題來自哪裡。
　　　(C) 試著要表現出像個無所不知的人。
　　　(D) 有許多刺激和大開眼界的人生經驗。
　　　* surprising〔sə'praɪzɪŋ〕*adj.* 驚人的
　　　problem〔'prabləm〕*n.* 問題　　act〔ækt〕*v.* 表現出
　　　eye-opening 大開眼界的；啟發性的
　　　experience〔ɪk'spɪrɪəns〕*n.* 經驗

（57～58）

下列是一家餐廳的廣告。

茶屋需要你！

加入我們茶屋——城裡最棒的中國餐廳。
我們現在正在找有意加入我們的人。

❖ 2 名廚師

　　🔖 至少兩年的餐廳廚房工作經驗

　　🔖 擅長料理中式食物

　　🔖 能週末工作

　　🔖 工作時間為每日 16:00 – 21:00（週薪 600 美元）

❖ 3 名服務生／女服務生

　　🔖 至少一年的咖啡廳或餐廳的經驗

　　🔖 兼職亦可

　　🔖 工作時間為 11:00 – 15:00 或 16:00 – 21:00（時薪美金 16 元）

❖ 2 名清潔人員

　　🔖 無經驗可

　　🔖 兼職亦可

　　🔖 洗碗，清理廚房

　　🔖 工作時間為 12:00 – 15:00 或 17:00 – 22:00（時薪美金 12 元）

❖ 誠徵週三晚間的歌手及樂團！

請撥 213-333-6789　吳小姐

【註釋】

ad〔æd〕*n.* 廣告（= *advertisement*）

cottage〔'kɑtɪdʒ〕*n.* 小屋　　Chinese〔'tʃaɪ,niz〕*adj.* 中國（人）的

restaurant〔'rɛstərənt〕*n.* 餐廳　　***in town*** 在城裡

look for 尋找　　interested〔'ɪnt(ə)rɪstɪd〕*adj.* 有興趣的

cook〔kʊk〕*n.* 廚師　　***at least*** 至少

experience〔ɪk'spɪrɪəns〕*n.* 經驗　　kitchen〔'kɪtʃɪn〕*n.* 廚房

be good at 擅長　　weekend〔'wik'ɛnd〕*n.* 週末

waiter〔'wetɚ〕*n.* 服務生　　waitress〔'wetrɪs〕*n.* 女服務生

café〔kə'fe〕*n.* 咖啡廳　　part-time *adj.* 兼職的

cleaner〔'klinɚ〕*n.* 清潔人員　　band〔bænd〕*n.* 樂團

57. (**C**) 有四個人打電話給吳小姐。以下為吳小姐註記他們所應徵的工作及工作經驗。

姓　名	工　作	經　　　　　驗
羅納德	清潔人員	晚班職員， 想找一個可以白天做的第二份工作
眞弓	歌手	歌手， 希望開始在咖啡廳或餐廳的歌唱事業
喬治	廚師	在一家餐廳當了三年廚師， 擅長料理義大利麵和披薩
舒	清潔人員	夜間部學生， 無工作經驗，在找兼職工作

誰不會接到吳小姐的面試電話？

(A) 羅納德。　　　　　　(B) 眞弓。

(C) 喬治。　　　　　　　(D) 舒。

* note〔not〕*n.* 筆記　　clerk〔klɝk〕*n.* 職員

daytime〔'de,taɪm〕*n.* 白天

spaghetti〔spə'gɛtɪ〕*n.* 義大利麵

pizza〔'pitsə〕*n.* 披薩　　interview〔'ɪntɚ,vju〕*n.* 面試

58. (**D**) 關於茶屋，從這則廣告我們可得知什麼？

(A) 他們正在徵求週末的表演歌手和樂團。

(B) 他們需要可在午餐和晚餐時間工作的廚師。

(C) 懂得泡茶的人較有機會在那裡工作。

(D) <u>在午餐時間工作，服務生一天會拿超過美金 60 元的薪資。</u>

(59～60)

你知道一個字的含意會隨時間而改變嗎？很多我們今天認識的英文單字，在很久以前的意思都和現在不同。其中一個例子就是 nice 這個字。

大約在西元 1300 年，nice 在英文當中最先使用的意思是「愚蠢的」。兩百年後，nice 開始帶有「較好的」意涵。如果人們說一本書寫得很 nicely，他們的意思是說這本書寫得「很清楚」或「很謹慎」，而不是「很愚蠢」。西元 1800 年以後，nice 開始有了現在的意涵，如「仁慈的」或「友善的」。從那時起，人們已經把 nice 認為是有「好」意涵的字。

像 nice 這個有好的字義轉變，被稱為 AMELIORATION（改良）。雖然我們已經不會把 nice 當作「愚蠢的」的意思，但是知道一個字的意思從一開始是如何轉變很有趣！

✧ 更多 AMELIORATION 的例子，請見<u>下一頁</u>。

【註釋】

museum〔 mjuˊziəm 〕 *n.* 博物館
meaning〔ˊminɪŋ 〕 *n.* 意思　　change〔 tʃendʒ 〕 *v.* 改變
example〔 ɪgˊzæmpḷ 〕 *n.* 例子　　nice〔 naɪs 〕 *adj.* 好的
around〔 əˊraʊnd 〕 *adv.* 大約　　stupid〔ˊstjupɪd 〕 *adj.* 愚蠢的
carry〔ˊkærɪ 〕 *v.* 具有　　clearly〔ˊklɪrlɪ 〕 *adv.* 清楚地
carefully〔ˊkɛrfəlɪ 〕 *adv.* 謹慎地　　modern〔ˊmɑdən 〕 *adj.* 現代的
kind〔 kaɪnd 〕 *adj.* 仁慈的　　friendly〔ˊfrɛndlɪ 〕 *adj.* 友善的
amelioration〔 ə,miljəˊreʃən 〕 *n.* 改良；變好
not~anymore 不再　　start〔 stɑrt 〕 *n.* 開始

59. (**B**) 這有四句來自文字博物館的句子。哪一個最可能出現在下一頁？

(A) silly 這個字以前的意思是「快樂的」，現在的意思是「愚笨的」。

(B) terrific 這個字以前的意思是「糟糕的」，現在的意思是「很棒的」。

(C) girl 這個字以前的意思是「年輕人」，現在的意思是「年輕女人」。

(D) telephone 這個字簡寫成 phone，但是這兩個字是指同樣的東西。

＊appear〔 əˊpɪr 〕 *v.* 出現　　silly〔ˊsɪlɪ 〕 *adj.* 愚笨的
terrific〔 təˊrɪfɪk 〕 *adj.* 很棒的
terrible〔ˊtɛrəbḷ 〕 *adj.* 可怕的；糟糕的
excellent〔ˊɛksḷənt 〕 *adj.* 很棒的　　***cut short*** 縮短

60. (**A**) 我們可知道 nice 這個字如何？

(A) 大約在西元 1500 年，它開始指「清楚的」之意。

(B) 它最早在英文裡被使用是在西元 1100 年左右。

(C) 它仍保有大約西元 1300 年時所使用的古老意涵。

(D) 約在西元 1800 年時，它被用來談論重要的人物。

TEST 2 詳解

聽力測驗 (第 1-20 題，共 20 題)

第一部分：辨識句意 (第 1-3 題，共 3 題)

1. (**C**) (A)　　　　　　(B)　　　　　　(C)

Samantha found a wallet in the music classroom.
莎曼莎在音樂教室裡發現一個皮夾。

* wallet〔ˋwɑlɪt〕*n.* 皮夾　　classroom〔ˋklæsˏrum〕*n.* 教室

2. (**A**) (A)　　　　　　(B)　　　　　　(C)

Tom stands between his parents, looking at his father.
湯姆站在他的父母之間，並注視著父親。

* parents〔ˋpɛrənts〕*n. pl.* 雙親　　***look at*** 注視

3. (**B**) (A)　　　　　　(B)　　　　　　(C)

Christmas is a holiday of love and sharing, so I sent a card to Mr. Chen.

聖誕節是一個愛和分享的節日，所以我寄一張卡片給陳先生。

* Christmas (ˈkrɪsməs) n. 聖誕節
  holiday (ˈhɑləˌde) n. 節日
  love (lʌv) v. 愛　　share (ʃɛr) v. 分享

第二部分：基本問答 (第 4-10 題，共 7 題)

4. (**A**) Does Bus 17 go to the zoo? 17 號公車有到動物園嗎？

   (A) Yes, and Bus 86 goes there, too.
       <u>是的，86 號公車也有到那裡。</u>

   (B) Yes, you can take a taxi. 是的，你可以坐計程車。

   (C) Yes, it's on the corner. 是的，它是在角落。

   * zoo (zu) n. 動物園　　corner (ˈkɔrnɚ) n. 角落；街角

5. (**B**) Come and look at the beautiful sea! 過來看看這漂亮的海！

   (A) What kind of sea? 哪一種海？

   (B) No, I'm afraid of water. <u>不，我怕水。</u>

   (C) Great. Let me show you. 太棒了。我表演給你看。

   * kind (kaɪnd) n. 種類
     afraid (əˈfred) adj. 害怕的；畏懼的< of >

6. (**C**) Do you know the salesman over there?
       你認識在那裡的那位業務員嗎？

   (A) Is that for sale? 那在出售嗎？

   (B) He's wearing a tie. 他戴一條領帶。

   (C) Which one? <u>哪一個？</u>

   * salesman (ˈselzmən) n. 業務員；推銷員
     for sale 出售的　　tie (taɪ) n. 領帶

7. (**B**) I passed the driving test! Now, I can drive on the road.

   我通過駕駛測驗了！現在，我可以在路上開車了。

   (A) I would like to, but I can't.

   　　我想要去，但我不行。

   (B) You did? That's great for you.

   　　你過了？對你來說真是太棒了。

   (C) Take it easy. You can do it.

   　　放輕鬆。你可以做到的。

   * pass〔pæs〕*v.* 通過　　　test〔tɛst〕*n.* 測驗

8. (**B**) Why didn't you watch the game?

   為什麼你不看這比賽？

   (A) My brother and I watched it together.

   　　我和我的兄弟一起看。

   (B) My mom didn't let me. 我的媽媽不讓我看。

   (C) I love to watch games. 我喜歡看比賽。

9. (**C**) Can you spell your last name for me?

   你可以拼你的姓氏給我嗎？

   (A) My name is very common. 我的名字非常普通。

   (B) I'm Linda Sanches. 我叫琳達桑奇。

   (C) Sanches. S-A-N-C-H-E-S. 桑奇。S-A-N-C-H-E-S。

   * spell〔spɛl〕*v.* 拼；拼寫

   　common〔'kɑmən〕*adj.* 普通的；常見的

10. (**A**) How do you usually go to work? 你通常如何去工作？

   (A) On foot. 步行。

   (B) By working hard. 工作認真。

   (C) Every day. 每天。

第三部分：言談理解（第 11-20 題，共 10 題）

11. (**B**) W：One ticket to Panchiao is twenty dollars. I need two, so that's forty in total, right?

女：一張到板橋的車票是二十元。我要二張，所以總共是四十元，對嗎？

M：Yes, here's your change and your tickets. Have a nice trip.

男：是的，這是你的零錢和車票。旅途愉快。

W：Thanks.

女：謝謝。

Question：Where are they? 他們在哪裡？

(A) At a bookstore. 在書店。

(B) At a train station. 在火車站。

(C) In a classroom. 在教室。

* total〔'totl〕*n.* 總計；合計　　***in total*** 總共；一共
　change〔tʃendʒ〕*n.* 零錢
　trip〔trɪp〕*n.* 旅行　　bookstore〔'buk,stor〕*n.* 書店
　train station 火車站

12. (**A**) W：Excuse me. How do I get to St. Martin's church?

女：對不起，我要如何去聖馬丁教堂？

M：Go straight for two blocks and turn right. You can't miss it.

男：直走過兩條街然後右轉，你不會錯過它。

W：Thank you.

女：謝謝你。

Question：What's the man doing? 這位男士在做什麼？

(A) He is giving the woman directions.

他替這位女士指示方向。

(B) He is asking the woman for help.

他尋求這位女士的幫助。

(C) He is on the way to the station.

他在去車站的路上。

* saint〔sent〕 *n.* 聖人　　church〔tʃɜtʃ〕 *n.* 教堂

straight〔stret〕 *adv.* 直直地；一直

block〔blɑk〕 *n.* 街區

13. (**C**)　M：Miss White, can I go home early today?　I don't feel well.

男：懷特小姐，我今天可以早一點回家嗎？我覺得不舒服。

W：Then I need to call your parents first.　If they can come to school to pick you up, you can go.

女：那我必須先電話給你的父母親。如果他們可以來學校接你，你可以回去。

M：All right.　You can call my mom.　She's home now.

男：好的。你可以打給我媽媽，她現在在家。

Question：Who are they?　他們是誰？

(A) Mother and son.　母親和兒子。

(B) Boss and secretary.　老闆和秘書。

(C) Teacher and student.　老師和學生。

* *pick up* 以車去接某人；搭載某人

boss〔bɔs〕 *n.* 老闆　　secretary〔'sɛkrə,tɛrɪ〕 *n.* 秘書

14. (**C**)　M：I have Duki-Duki.　Do you want to try some?

男：我有杜奇杜奇。你要吃一些嗎？

W：No, I'm already full.　You can ask Tom.　He has a sweet tooth.

女：不，我已經飽了。你可以問湯姆，他喜歡甜食。

M : Well, in fact, the Duki-Duki is from Tom.

男：嗯，事實上，這杜奇杜奇是湯姆給的。

Question : What is Duki-Duki? 杜奇杜奇是什麼？

(A) A picture. 一幅圖畫。

(B) A soup. 一種湯。

(C) A snack. 一種點心。

* full〔fʊl〕*adj.* 吃飽的　　tooth〔tuθ〕*n.*（食物的）嗜好；愛好

have a sweet tooth 嗜吃甜食

snack〔snæk〕*n.* 點心；小吃

15. (**B**) W : Time flies. Susan has been dead for a year.

女：時光飛逝，蘇珊已經過世一年了。

M : Right. I miss her a lot. Do you remember she used to bite the chairs and was punished for that?

男：是的。我非常想牠。你記得牠經常咬椅子而因此被處罰嗎？

W : Yes, she jumped up and down when she was kept in the cage.

女：是的，當牠被關在籠子裡時，牠會上下地跳。

Question : Who was Susan? 蘇珊是誰？

(A) Their grandmother. 他們的祖母。

(B) Their dog. 他們的狗。

(C) Their sofa. 他們的沙發。

* **Time flies.**【諺】光陰似箭。　　bite〔baɪt〕*v.* 咬

punish〔'pʌnɪʃ〕*v.* 處罰；懲罰

up and down 上下地　　cage〔kedʒ〕*n.* 籠子

grandmother〔'græn,mʌðɚ〕*n.* 祖母

sofa〔'sofə〕*n.* 沙發

16. (**C**) M : One of the letters on the desk is for Jack. Two are for Kelly.

男：在桌上的信中其中一封是給傑克的，二封是給凱莉的。

W : What about the last two?

女：那最後二封呢？

M : They are for me.

男：是給我的。

Question : How many letters are there on the desk?

在那桌上有幾封信？

(A) Two. 二封。

(B) Four. 四封。

(C) Five. <u>五封。</u>

17. (**B**) M : Paris is in France. London is in England. And Tokyo…

男：巴黎在法國。倫敦在英國。東京…。

W : Bob, what are you doing?

女：鮑伯，你在做什麼？

M : I'm preparing for the test tomorrow. By the way, do you know which country is south of the United States?

男：我在準備明天的測驗。順便一提，你知道哪一個國家在美國的南邊？

Question : Which subject is the man studying?

這位男士在讀哪一科？

(A) History. 歷史。

(B) Geography. <u>地理。</u>

(C) Science. 科學。

* Paris (ˈpærɪs) *n.* 巴黎【法國首都】
  France (fræns) *n.* 法國
  London (ˈlʌndən) *n.* 倫敦【英國首都】
  England (ˈɪŋglənd) *n.* 英國
  Tokyo (ˈtokɪ͵o) *n.* 東京【日本首都】　　*by the way* 順便一提
  south (sauθ) *n.* 南方　　America (əˈmɛrɪkə) *n.* 美國
  subject (ˈsʌbdʒɪkt) *n.* 科目；學科
  history (ˈhɪstrɪ) *n.* 歷史
  geography (dʒiˈɑgrəfɪ) *n.* 地理　　science (ˈsaɪəns) *n.* 科學

18. (**A**) M : I am a boy under 15 years old. I don't have any
        brothers or sisters.

    男：我是個未滿十五歲的男孩。我沒有任何兄弟姊妹。

    W : What is your telephone number and who do you live
        with?

    女：你的電話號碼是多少，還有誰和你住？

    M : I don't have a phone. I live in New Taipei City with
        my grandparents.

    男：我沒有電話。我和祖父母住在新北市。

    Question : Which was NOT asked about the boy?
        　　　關於這個男孩哪一項沒有被問到？

    (A) Birthday. 生日。

    (B) Phone number. 電話號碼。

    (C) Family. 家人。

    * under (ˈʌndɚ) *prep.* 未滿…；少於…　　*live with* 與～同住
      grandparents (ˈgræn͵pɛrənts) *n. pl.* 祖父母

19. (**A**) W : Oh, no! Kathy wore a skirt to school. When does
        she have PE class today?

    女：噢，不！凱西穿裙子到學校。她今天何時有體育課？

M : It's in the afternoon. Don't worry. I'll bring her the shorts later.

男：下午。不用擔心，我晚點把運動褲帶去給她。

W: And the sports shoes, too.

女：還有運動鞋。

Question：What does Kathy have to wear in PE class?

凱西在體育課必須穿什麼？

(A) Shorts. <u>運動褲。</u>

(B) A skirt. 裙子。

(C) A dress. 洋裝。

* skirt〔skɜt〕*n.* 裙子　　*PE class* 體育課
  shorts〔ʃɔrts〕*n. pl.* 運動褲
  sports〔sports〕*adj.* 運動用的　　dress〔drɛs〕*n.* 洋裝

20. (**B**) W : Ouch! You stepped on my foot. It hurts!

女：哇！你踩到我的腳了。好痛！

M : I'm so sorry! Are you all right?

男：我很抱歉！你還好嗎？

W : No! I'm not OK! My toe is bleeding.

女：不！我不好！我的腳指頭流血了。

Question：What happened to the woman?

這位女士發生什麼事？

(A) She met a man. 她遇見一位男士。

(B) A man hurt her foot. <u>一位男士弄傷了她的腳。</u>

(C) She fell down. 她跌倒了。

* step〔stɛp〕*v.* 踩 < *on* >
  hurt〔hɜt〕*v.* 疼痛；使受傷　　toe〔to〕*n.* 腳趾
  bleed〔blid〕*v.* 流血　　*fall down* 跌倒

閱讀測驗 (第 21-60 題,共 40 題)

第一部分:單題 (第 21-35 題,共 15 題)

21. (**A**) 艾力克斯,你外出時有一通你的<u>電話</u>。她留了一則留言給你。

    (A) ***phone call***〔'fon kɔl〕 *n.* 電話

    (B) package〔'pækɪdʒ〕 *n.* 包裹

    (C) example〔ɪg'zæmpl̩〕 *n.* 例子

    (D) business〔'bɪznɪs〕 *n.* 生意

    * message〔'mɛsɪdʒ〕 *n.* 訊息;留言

22. (**B**) 我的歷史老師總會在上新的一課前<u>複習</u>前幾課的部份內容。

    (A) preview〔'pri͵vju〕 *v.* 預習

    (B) ***review***〔rɪ'vju〕 *v.* 複習

    (C) cover〔'kʌvɚ〕 *v.* 覆蓋

    (D) change〔tʃendʒ〕 *v.* 改變

    * lesson〔'lɛsn̩〕 *n.* (教科書中的) 課

23. (**D**) 這對兄妹<u>歡樂地</u>抱在一起又跳又叫,因為爸爸送他們一隻小狗當禮物。

    (A) sadly〔'sædlɪ〕 *adv.* 傷心地

    (B) angrily〔'æŋgrɪlɪ〕 *adv.* 生氣地

    (C) carefully〔'kɛrfəlɪ〕 *adv.* 小心地

    (D) ***cheerfully***〔'tʃɪrfəlɪ〕 *adv.* 歡樂地

    * hug〔hʌg〕 *v.* 擁抱   puppy〔'pʌpɪ〕 *n.* 幼犬

    present〔'prɛznt̩〕 *n.* 禮物

24. (**D**) 阿 Ken 有欺騙的不良紀錄。我不認為我會再<u>相信</u>他。

    (A) kick〔kɪk〕 *v.* 踢

    (B) join〔dʒɔɪn〕 *v.* 加入

(C) surprise〔sə'praɪz〕*v.* 使驚訝

(D) ***believe***〔bɪ'liv〕*v.* 相信

* record〔'rɛkəd〕*n.* 記錄　　cheat〔tʃit〕*v.* 欺騙

25. (**D**) 菲力浦告訴我他能講四種不同語言，<u>但</u>我不認為他能做到。

(A) so〔so〕*conj.* 所以

(B) if〔ɪf〕*conj.* 如果

(C) however〔hau'ɛvə〕*adv.* 然而

(D) ***but***〔bʌt〕*conj.* 但是

* language〔'læŋgwɪdʒ〕*n.* 語言

　able〔'ebḷ〕*adj.* 能夠⋯的

26. (**A**) 如果你不參加這趟實地考察，你最好<u>編</u>個好藉口，否則其他人會生你的氣。

(A) ***make up*** 編造

(B) drop off 脫落

(C) come up 上升；接近

(D) worry about 擔心

* ***field trip*** 實地考察　　***had better*** + *V* 最好

　excuse〔ɪk'skjus〕*n.* 藉口　　***be mad at*** 對⋯生氣

27. (**C**) 如果我們搭三點的班機，就可以快一點<u>抵達</u>紐約。

(A) leave〔liv〕*v.* 離開

(B) get〔gɛt〕*v.* 抵達 < *to* >

(C) ***arrive***〔ə'raɪv〕*v.* 抵達 < *in/at* >

(D) visit〔'vɪsɪt〕*v.* 拜訪

* flight〔flaɪt〕*n.* 班機

28. (**A**) 那幅喬為了展現他對妻子的愛而畫給他妻子的美麗畫作已經掛在客廳的牆上。

> 本句為 The beautiful painting has been hung on the wall in the living room. 以及 Joe drew the painting for his wife to show his love. 兩句話合併而成，第二句中的 painting 用關係代名詞 which 代替，又因 which 為受詞，省略。選 (A) *drew*。
>
> * hang〔hæŋ〕*v.* 掛【三態變化為 hang-hung-hung】

29. (**B**) 上星期的每一天，奧莉薇亞中餐都吃水餃，我想知道她這星期會吃什麼。

> 依句意選 (B) *what*，疑問詞 what 引導名詞子句，做 wonder 的受詞。
>
> * dumpling〔'dʌmplɪŋ〕*n.* 水餃

30. (**A**) 喬 伊 絲：我在這間店找不到一件好看的黃色洋裝。
> 　　艾力克斯：這間購物中心有十間服飾店。你會在另一間店找到你要的洋裝。
>
> 空格中應填形容詞，形容單數、非特定的店家，故選 (A) *another*。

31. (**C**) 幾乎沒有訪客走進這間現代藝術館欣賞這位名藝術家的鉅作。大部份都是去洗手間時經過。

> (A) many〔'mɛnɪ〕*pron.* 很多的
> (B) any〔'ɛnɪ〕*pron.* 任何的
> (C) *few*〔fju〕*pron.* 極少的；幾乎沒有的（否定字）
> (D) no〔no〕*pron.* 沒有

　　　* visitor〔'vɪzɪtɚ〕*n.* 參觀者
　　　modern〔'mɑdən〕*adj.* 現代的
　　　art〔ɑrt〕*n.* 藝術　　master〔'mæstɚ〕*n.* 大師
　　　work〔wɜk〕*n.* 著作；作品　　toilet〔'tɔɪlɪt〕*n.* 洗手間

32. (**C**) 下個月的籃球比賽很重要，但過去這幾周我沒看見麥克在
　　　練習。

　　　　see 是感官動詞，受詞後方動詞若爲主動，應用原型或現
　　　　在分詞，故選 (C) *practice*。
　　　　* past〔pæst〕*adj.* 過去的

33. (**C**) 朵拉：你妹妹多久要餵一次牛奶？
　　　卡羅：大約每四小時一次。

　　　　依句意，本題問「頻率」，故選 (C) *How often*「多久一
　　　　次」。
　　　　* feed〔fid〕*v.* 餵食【動詞三態爲 feed-fed-fed】

34. (**A**) 放棄夢想不會把你引導到一生中更好的路上，所以去追夢吧。

　　　　本句主詞爲 Giving up your dreams。動名詞當主詞時，
　　　　視爲單數，又空格後方爲原型動詞，判斷前方爲助動詞，
　　　　故選 (A) *doesn't*。
　　　　* *give up* 放棄　　*go for* 追尋；追求

35. (**D**) 你和傑克都有過自己的摩托車，但我沒有。

　　　　逗點後爲 but I didn't have a motorcycle of my own 省
　　　　略而來，選 (D) *didn't*。
　　　　* motorcycle〔'motɚ,saɪkl̩〕*n.* 摩托車

第二部分：題組（第 36-60 題，共 25 題）

（36～39）

台灣的抽菸者可能會覺得，讓他們可以抽根煙休息一下的公共場所<u>越來越少</u>了。自從法律規定所有公共的
  　　　　　　　　　　　　　36
室內區域禁止吸煙，抽菸者被迫只能在室外點菸。在過去，餐廳、酒吧和旅館都<u>曾</u>有吸菸區。現在，你找不到了。對
  　　　　　　　　　　　　　　　　　37
不抽菸的人而言，這項規定<u>拯救</u>他們不會吸入二手菸。對抽菸者
  　　　　　　　　　　38
來說，無論晴雨，他們別無選擇只能在室外抽菸。但是台灣的抽菸者比日本的幸運多了。在日本，甚至在開放空間也不能抽菸，所以你不會看到人們在街上或是廣場抽菸。如果有人這麼做，他們會被<u>罰</u>很多錢。
  　　　　　　　　　　　　　　　39
好在，我不抽菸。我很高興法律保護了我的權利和健康。

【註釋】

public〔ˈpʌblɪk〕adj. 公共的　　*take a break* 休息一下
cigarette〔ˈsɪgəˌrɛt〕n. 香菸　　law〔lɔ〕n. 法律
drive〔draɪv〕v. 迫使　　area〔ˈɛrɪə〕n. 區域
force〔fors〕v. 強迫　　*light up* 點燃　　past〔pæst〕n. 過去
bar〔bɑr〕n. 酒吧　　hotel〔hoˈtɛl〕n. 旅館
non-smoker〔ˌnɑnˈsmokɚ〕n. 不抽菸者　　rule〔rul〕n. 規定
breathe〔briθ〕v. 呼吸；吸入
have no choice but to + *V* 除了～之外別無選擇
rain or shine 無論晴雨
second-hand〔ˈsɛkəndˈhænd〕adj. 二手的
square〔skwɛr〕n. 廣場　　protect〔prəˈtɛkt〕v. 保護

36.(**B**) public place 爲可數名詞，應用 few 來形容，故選 (B) *fewer and fewer*。

37.(**D**) 表示「過去曾經有」，用 there *used to* be，選 (D)。

38.(**A**) 根據句意，save…from「拯救…免於」，選 (A) *saved*。

39.(**C**) 根據句意，選 (C) *fined*「罰款」。

（40～42）

（午餐時間）

緹娜：你這個周末有計畫嗎？

瑞秋：有。我要去見三個國中的朋友。

緹娜：你還跟老朋友有聯絡。哇，眞不簡單。

瑞秋：只有幾個。我們還在學校時就約定好會保持聯絡，所以
　　　　　　　　　　　　　　　　　　　　　40
　　　我們四個從畢業後一直寫 email 給彼此。
　　　　　　　41

緹娜：只有眞正的友誼可以持續這麼久。你們眞的是好朋友。

瑞秋：但是兩天前，我在公園慢跑的時候有個男人拍我的肩。
　　　　　　　　　　　　42
　　　我看著他十秒。我不知道他是誰。

緹娜：所以到底是誰呢？

瑞秋：他是我國中的數學老師！

【註釋】

stay/keep in touch 保持連絡　　***each other*** 彼此
deal〔dil〕*n.* 交易；約定　　true〔tru〕*adj.* 眞正的
friendship〔'frɛnd,ʃɪp〕*n.* 友誼　　last〔læst〕*v.* 持續
pat〔pæt〕*v.* 輕拍

40.(**D**) 依句意，在過去時提到的未來，要用未來式的過去，選 (D) *would*。

41.(**B**) since 後方應接「一個時間點」，故用簡單式，選 (B) *graduated*。

　　　graduate〔'grædʒʊ,et〕*v.* 畢業

42.(**D**) 表過去某事發生時，正在進行的動作，要用過去進行式，選 (D) *was jogging*。

（ 43～44 ）

2012 滑冰秀

世界冠軍莉娜・斯格洛紀斯奇來台灣了！

她會帶給觀眾她一次次令人驚豔的舞步。

她慣例的搭檔喬瑟夫・尤洛夫不會出席，

因為他太太這個月就要生產了。

但是威廉・康洛德，新加晃的滑冰王子，

這次會擔任她的搭檔，他們會跳三支雙人舞。

我們給貴賓（2010 和 2011 年訂過票）

八折特惠價。

你還在等什麼？快來看了不起的技巧吧。

時間：19:30～21:00（19:45 後禁止進場）

日期：2012 年 6 月 30 日

地點：台北國際巨蛋

【註釋】

skating〔'sketɪŋ〕*n.* 溜冰　　***ice skating*** 滑冰
champion〔'tʃæmpɪən〕*n.* 冠軍
audience〔'ɔdɪəns〕*n.* 觀衆
move〔muv〕*n.* 步驟；舞步　　amaze〔ə'mez〕*v.* 使驚艷
usual〔'juʒʊəl〕*adj.* 平常的　　partner〔'pɑrtnɚ〕*n.* 搭擋
be able to + ***V*** 能夠　　present〔'prɛzn̩t〕*adj.* 出席的
expect〔ɪk'spɛkt〕*v.* 期待　　newly〔'nulɪ〕*adv.* 最新地
crown〔kraʊn〕*v.* 加冕　　prince〔prɪns〕*n.* 王子
doubles〔'dʌbl̩s〕*n. pl.* 雙人舞
discount〔'dɪskaʊnt〕*n.* 折扣
fantastic〔fæn'tæstɪk〕*adj.* 了不起的
skill〔skɪl〕*n.* 技巧　　entrance〔'ɛntrəns〕*n.* 入場
international〔ˌɪntɚ'næʃənl̩〕*adj.* 國際的
arena〔ə'rinə〕*n.* 競技場；巨蛋

43. (**C**) 關於滑冰秀，哪項有提到？

　　(A) 因爲莉娜・斯格洛紀斯奇要生小孩了，所以舞步很美。

　　(B) 威廉・康洛德不是一位滑冰新星。

　　(C) 前兩年有訂票的人是貴賓。

　　(D) 如果你遲到超過五分鐘，你就不能看表演了。

　　* book〔bʊk〕*v.* 預定　　VIP〔'viˌaɪ'pi〕*n.* 貴賓

44. (**C**) 廣告中沒有哪一項資訊？

　　(A) 誰會表演。　　　　　(B) 表演多長。

　　(C) 票價多少。　　　　　(D) 在哪表演。

（45～47）

七點半

七點半是義大利一款受歡迎的賭博遊戲。它在當地被稱作「Sette e Mezzo」。在義大利，人們通常在聖誕節前後玩這款遊戲。目標是要收集點數加起來儘可能接近七點半的卡片，但是不要超過。

遊戲人數沒有嚴格限制。使用標準的五十二張撲克牌，把8、9、10從裡面挑掉。如此以來，每副牌由A、1、2、3、4、5、6、7和三種圖片牌（JQK）組成。卡的點數是這樣的：

> A：一張一點
> 2到7：二到七點（例如：卡片2為兩點）
> 圖片牌：一張半點

遊戲

每位玩家輪流要牌，增加他們的總點數。

* 如果你已經滿意目前的總和，你可以不要牌，略過你到下個玩家。
* 如果你想要冒險增加總點數，你可以要一張牌。如果這張牌讓你的總和超過七點半，你就輸了。你要秀出你的牌，其他玩家拿走你的賭注。
* 如果你的總和是七點半，你要秀出你的牌。你的回合結束，你贏了。
* 如果你的總和少於七點半，你可以選擇再要一張牌。你可以要很多次牌，只要你的總點數還在七點半之下。

【註釋】

gambling〔'gæmblɪŋ〕*n.* 賭博　　locally〔'lokəlɪ〕*adv.* 在當地

objective〔əb'dʒɛktɪv〕*n.* 目標　　total〔'totḷ〕*v. n.* 總和

possible〔'pɑsəbḷ〕*adj.* 可能的　　strictly〔'strɪktlɪ〕*adv.* 嚴格地

set〔sɛt〕*v.* 設定　　standard〔'stændəd〕*adj.* 標準的

pack〔pæk〕*n.* 一副（牌）　　*pick out* 挑出

suit〔sut〕*n.* (同花色）一組牌　　*be made of* 由～組成

point〔pɔɪnt〕*n.* 點數　　*in turn* 依序

extra〔'ɛkstrə〕*adj.* 額外的

increase〔ɪn'kris〕*v.* 增加　　*be satisfied with* 對～滿意

turn〔tɝn〕*n.* 順序；回合　　risk〔rɪsk〕*v.* 冒險

stake〔stek〕*n.* 賭注；籌碼　　*so long as* 只要

45. (**B**) 在七點半的遊戲中，以下哪個點數最大？

(A)　　　　(B)　　　　(C)　　　　(D)

46. (**C**) 彼得正在和朋友玩七點半。他手上有三張圖片牌，和一張卡片 5。
　　　現在輪到他了，而他拿到一張 A。他接下來會做什麼？

　　(A) 略過回合給下一個玩家。

　　(B) 讓其他人拿走他的賭注。

　　(C) 把他的牌給其他人看。他贏了。

　　(D) 再要一張卡來增加他的點數。

47. (**B**) 關於這個遊戲，何者為真？

　　(A) 遊戲中有五十二張卡片。

　　(B) 遊戲關於算術和加法。

　　(C) 必須有七個玩家。

　　(D) 越多點數越好。

（48～50）

在美國，「甘迺迪家族」一般指的是老約瑟夫・P・甘迺迪和羅絲・伊莉莎白・菲茨傑拉德家族的人。這個家族在美國政壇非常活躍。很多家族成員是哈佛大學畢業，並對哈佛的約翰甘迺迪政治學院有重大貢獻。這個家族有錢，又有天生的明星特質，還有他們不中斷地為大眾服務，使他們在過去半個世紀成了傳奇，甚至一度被稱為「美國皇室家族」。

這個家庭也經歷過很多悲劇，被稱作「甘迺迪詛咒」，像是著名的約翰及羅伯特兄弟被暗殺、四次飛機失事（三次造成死亡）。

1999 小約翰・F・甘迺迪
已故總統的獨子。死於飛機失事，三十九歲。

1997 麥可・甘迺迪
羅伯特・F・甘迺迪的第六子。十二月三十一日死於滑雪意外事故，三十九歲。

1984 大衛・甘迺迪
羅伯特・甘迺迪之子。在復活節的周末死於飯店房間，二十八歲。

1973 小愛德華・甘迺迪
愛德華・甘迺迪之子。因為癌症失去右腿。

1969 愛德華・M・甘迺迪
總統約翰・F・甘迺迪和羅伯特・甘迺迪的兄弟。七月十八日開車摔落橋下。一位女士死亡。

1968 羅伯特・F・甘迺迪
甘迺迪總統的兄弟。在六月五日被射殺，四十二歲。

1963 約翰・F・甘迺迪
第三十五任總統。十一月二十二日在達拉斯被暗殺，四十六歲。

問題是為什麼這個家族有這麼多不尋常的死因。謠言說，在二次世界大戰時，當時是駐英國大使的老約瑟夫・P・甘迺迪沒有幫助那邊的猶太人。這導致數千名猶太人死亡。這就是為什麼他的兒子和孫子都死得很早。

【註釋】

commonly〔'kɑmənlɪ〕*adv.* 一般　　*refer to* 指的是
senior〔'sinjɚ〕*adj.* 年長的　　active〔'æktɪv〕*adj.* 活躍的
politics〔'pɑlə,tɪks〕*n.* 政治界　　graduate〔'grædʒu,et〕*v.* 畢業
Harvard University 哈佛大學
contribute〔kən'trɪbjʊt〕*v.* 貢獻＜to＞　　heavily〔'hɛvɪlɪ〕*adv.* 重大地
star〔stɑr〕*n.* 明星　　quality〔'kwɑlətɪ〕*n.* 特質
non-stop〔nɑn'stɑp〕*adj.* 不停的　　legend〔'lɛdʒənd〕*n.* 傳奇
royal〔'rɔɪəl〕*adj.* 皇家的　　*go through* 經歷
tragedy〔'trædʒədɪ〕*n.* 悲劇　　curse〔kɝs〕*n.* 詛咒
well-known〔'wɛl'non〕*adj.* 知名的
assassination〔ə,sæsn̩'eʃən〕*n.* 暗殺　　crash〔kræʃ〕*n.* 撞毀；墜毀
late〔let〕*adj.* 已故的　　skiing〔'skiɪŋ〕*n.* 滑雪
Easter〔'istɚ〕*n.* 復活節　　cancer〔'kænsɚ〕*n.* 癌症
bridge〔brɪdʒ〕*n.* 橋　　shoot〔ʃut〕*v.* 開槍
assassinate〔ə'sæsn̩,et〕*v.* 暗殺
Dallas〔'dæləs〕*n.* 達拉斯【位在美國德州的城市】　　*as to* 至於
unusual〔ʌn'juʒʊəl〕*adj.* 不尋常的　　rumor〔'rumɚ〕*n.* 謠言；傳聞
ambassador〔æm'bæsədɚ〕*n.* 大使　　*the United Kingdom* 英國
Jew〔dʒu〕*n.* 猶太人

48. (**C**) 根據這篇文章，何者爲眞？
　　　(A) 從 1963 到 1999 年，至少死了七個甘迺迪家族成員。
　　　(B) 沒有一個甘迺迪家族成員活過五十歲。
　　　(C) 小約翰・F・甘迺迪和他的堂兄弟麥可，死於相同年紀。
　　　(D) 已故的甘迺迪總統和他的兄弟都死於失事。

49. (**A**) 以下何者不是甘迺迪家族在美國成爲傳奇的原因？
　　　(A) 他們都出身皇室。　　(B) 他們很有錢。
　　　(C) 他們有明星特質。　　(D) 他們做了很多大衆服務。

50. (**A**) 這篇文章主要關於什麼？
　　　(A) 奇怪的詛咒。　　　(B) 這個家族的生活。
　　　(C) 很多起死亡。　　　(D) 常見的謠言。

（51～52）

　　布朗尼熊是一個山中小鎮魯比鎮的明星。雖然這個小鎮離最近的城市有五十哩遠，但是每年都有很多遊客。那些遊客為了這種可愛的小熊來到這裡。布朗尼熊不是像北極熊或黑熊那種巨大的熊。牠們的大小只稍稍比無尾熊大一點。當布朗尼熊長大時，可以高達六十公分。

　　牠們喜歡爬樹，在樹枝上跳來跳去。牠們吃樹葉，不過只在沒有其他東西吃的時候。魚是牠們的最愛，所以你能在溪邊看到牠們。如果你看到牠們，不要想跟牠們玩，或甚至拍下牠們，因為牠們抓魚需要很大的專注力和速度。不過別擔心，牠們很會抓魚！

　　布朗尼熊的數量越來越少，因為人們為了將賣牠們的毛皮做成衣服和包包而獵捕牠們。小鎮的人民和愛熊者非常擔心這件事。

【註釋】

mile〔maɪl〕n. 哩　　huge〔hjudʒ〕adj. 巨大的
polar bear 北極熊　　slightly〔ˋslaɪtlɪ〕adv. 稍稍；輕微地
koala〔koˋɑlə〕n. 無尾熊　　branch〔bræntʃ〕n. 樹枝
stream〔strim〕n. 小溪　　concentration〔͵kɑnsṇˋtreʃən〕n. 專注力
speed〔spid〕n. 速度　　hunt〔hʌnt〕v. 獵捕
fur〔fɝ〕n. 毛　　skin〔skɪn〕n. 皮

51.（**C**）關於布朗尼熊，何者為真？
　　(A) 牠們看起來像黑熊。　　(B) 牠們只吃魚。
　　(C) 牠們很會攀爬。
　　(D) 成年的布朗尼熊和男人一樣高。

52.（**A**）這件事在這裡指的是？
　　(A) 很多布朗尼熊因為牠們的身體部位而被殺害。
　　(B) 小鎮的人買很多衣服和包包。
　　(C) 布朗尼熊沒有足夠的食物吃。
　　(D) 這種可愛的熊再也不是我們的朋友了。

(53～54)

> 　　我們每天都會走路。走路到某地就像是一種交通方式。但是，最近的一份研究指出，輕鬆的走路可以幫助減少悲傷。找個伴一起走，記下步行時間和距離，或是記錄沿路有趣的事讓人們自我感覺不錯。和其他運動相比，走路對人們而言比較簡單。你可以在任何時間、地點走路。走路後的疲憊感比其他運動低，而且對大部分的人而言也比較放鬆。所以很多人喜歡走路。
>
> 　　憂鬱的患者被要求常常在陽光下散步。散步時，他們專注於自己的身體。他們有機會看看世界。因此，他們不會去想自己的問題。他們沮喪的程度會比較低。他們也會因為完成了一件事而感覺較好。走吧！為了快樂而走；為了你自己好而走。

【註釋】

transportation〔͵trænspɚ'teʃən〕n. 交通方式
recent〔'risŋt〕adj. 最近的　　reduce〔rɪ'dus〕v. 減少
partner〔'pɑrtnɚ〕n. 夥伴　　distance〔'dɪstəns〕n. 距離
comparison〔kəm'pærəsn̩〕n. 比較　　***in comparison with*** 和～相比
relaxing〔rɪ'læksɪŋ〕adj. 放鬆的　　***have trouble V-ing*** 做～有困難
chance〔tʃæns〕n. 機會　　down〔daʊn〕adj. 沮喪的
level〔'lɛvl̩〕n. 程度

53. (**D**) 為什麼人們應該要走路？
　　　(A) 他們走路後變得比較不快樂。
　　　(B) 他們沒有其他到達別處的方法。
　　　(C) 他們需要一起走路的同伴。
　　　(D) 他們可以自我感覺不錯。

54. (**D**) 文章中沒有暗示那一項？
　　　(A) 走路幫助人感覺比較好。
　　　(B) 我們可以同時為了快樂及健康而走。
　　　(C) 對我們來說，走路比慢跑容易。
　　　(D) 我們只有在別人要求時才去走路。
　　　* imply〔ɪm'plaɪ〕v. 暗示

（55～57）

　　你有沒有打嗝打很久且停不下來的經驗？打嗝是一件很奇怪的事。沒有任何前兆，一個聲音就會從你嘴巴裡傳出來。人們無法控制打嗝，而且大部分的人不喜歡打嗝，雖然其他人可能在有人打嗝的時候覺得很好笑。

　　打嗝是如何發生的呢？或許跟胃和肺有關。但沒人能肯定。事實上，很多事會造成打嗝。舉例來說，當你吃太快或吃太多，或當你感到非常緊張或興奮的時候，你都可能會打嗝。吃辛辣的食物也會造成打嗝。有時候，吸到強烈的氣味，像是香水或汽油也可能讓人打嗝。

　　當你打嗝的時候可以怎麼做？放輕鬆！打嗝通常不會持續太久。如果你感覺沮喪，只會使情況更糟。只需等待幾分鐘，它自然就會停止了。但如果你希望打嗝可以立刻停止，這裡有些方法你可以試試。一、你可以深呼吸，並且屏住它三十秒或以上。二、你可以試試喝溫水，且同時伸展你的脖子。放幾塊糖在嘴巴裡也是一個不錯的方法。

　　總而言之，不用太擔心。通常打嗝不會困擾你太久，也不會傷害你。

【註釋】

hiccup〔'hɪkʌp〕v. n. 打嗝　　warning〔'wɔrnɪŋ〕n. 警告
control〔kən'trol〕v. 控制　　funny〔'fʌnɪ〕adj. 好笑的
have something to do with 和～有關　　stomach〔'stʌmək〕n. 胃
lung〔lʌŋ〕n. 肺　　cause〔kɔz〕v. 導致
nervous〔'nɜvəs〕adj. 緊張的　　spicy〔'spaɪsɪ〕adj. 辣的
breathe〔brið〕v. 呼吸；吸入　　smell〔smɛl〕n. 味道
perfume〔'pɜfjum〕n. 香水　　**take it easy** 放輕鬆
last〔læst〕v. 持續　　upset〔ʌp'sɛt〕adj. 沮喪的
situation〔,sɪtʃu'eʃən〕n. 情況　　**right away** 立刻；馬上
breath〔brɛθ〕n. 呼吸　　**take a deep breath** 深呼吸
hold〔hold〕v. 抑制　　stretch〔strɛtʃ〕v. 伸展
neck〔nɛk〕n. 脖子　　**all in all** 總而言之　　bother〔'baðə〕v. 困擾

55. (**A**) 這裡的「它」是什麼意思？
    (A) 呼吸。 (B) 打嗝。 (C) 食物。 (D) 嘴巴。

56. (**C**) 根據這篇閱讀，很多事情會導致打嗝，除了_____。
    (A) 辛辣食物。 (B) 香水。
    (C) 糖。 (D) 強烈氣味。

57. (**C**) 以下關於打嗝，何者爲眞？
    (A) 爲了使打嗝停止，你要停止呼吸。
    (B) 其中一個原因是講話太快。
    (C) 太興奮會使你打嗝。 (D) 打嗝通常會傷胃和肺。

(58～60)

當我回家的時候

當我回家的時候
我想到我的爸爸
當我回家的時候
我想看見我的爸爸
當我回家的時候
我想要更常和他在一起
當我回家的時候
我想到他曾我所做的一切

當我回家的時候
我希望跟所有人在一起
當我回家的時候
我的媽媽五點回到家
當我回家的時候
我的爸爸幾乎不回家
當我回家的時候
我的爸爸正在酒吧

當我回家的時候
我看見我的爸爸喝醉了
當我回家的時候
有時候我會希望他醒著
當我回家的時候
我希望我的爸爸不是正在喝酒
當我回家的時候
我想看見我的爸爸

當我回家的時候
「我可能不會回家」
爸爸說
當我回家的時候
我想到我的爸爸
當我回家的時候
我希望我爸爸會在家
像過去一樣等待著我
當我回家的時候
這就是我想看到的

【註釋】

hang out 在一起　　barely〔'bɛrlɪ〕*adv.* 幾乎不
bar〔bɑr〕*n.* 酒吧　　drunk〔drʌŋk〕*adj.* 酒醉的
awake〔ə'wek〕*adj.* 清醒的

58.(**D**) 這首詩的語調爲何？

　　(A) 令人興奮的。　　　　(B) 溫暖的。
　　(C) 擔心的。　　　　　　(D) 傷心的。
　　＊ tone〔ton〕*n.* 語調

59.(**A**) 關於作者，何者最有可能爲眞？

　　(A) 他和他爸爸曾經很親近。
　　(B) 他爸爸想要他戒酒。
　　(C) 他不想在家裡看到他爸爸。
　　(D) 他爸爸回來時他在睡覺。
　　＊ close〔klos〕*adj.* 親近的　　quit〔kwɪt〕*v.* 停止；戒除

60.(**D**) 詩裡的「幾乎不」意思是什麼？

　　(A) 已經。　　　　　　　(B) 從不。
　　(C) 慢慢地。　　　　　　(D) 很少。
　　＊ rarely〔'rɛrlɪ〕*adv.* 很少

TEST 3 詳解

聽力測驗（第 1-20 題，共 20 題）

第一部分：辨識句意（第 1-3 題，共 3 題）

1. (**C**) (A)  (B)  (C)

They are having a fight. 他們正在打架。

* fight〔faɪt〕*n.* 打架

2. (**A**) (A)  (B)  (C)

Leo feeds the fish every day after he gets up.

里歐每天起床後餵魚。

* feed〔fid〕*v.* 餵食

3. (**A**) (A)  (B)  (C)

The boy helped the girl to hang the painting yesterday.

昨天男孩幫女孩把畫掛起。

* hang〔hæŋ〕v. 掛；吊　　　painting〔'pentɪŋ〕n. 畫

第二部分：基本問答（第 4-10 題，共 7 題）

4. (**C**) Excuse me.　Where can I take Bus 609?

　　對不起，我可以在哪裡搭 609 號公車？

(A) I like to go by bus. 我喜歡坐公車去。

(B) It's convenient to take a bus. 搭公車是很方便的。

(C) Look.　The bus stop is right at the corner.

　　你看。公車站就在轉角。

* convenient〔kən'vinjənt〕adj. 方便的；便利的

corner〔'kɔrnɚ〕n. 角落；街角

5. (**C**) Lisa, I will go out tomorrow.　Will it be another rainy day?

　　麗莎，我明天將外出。又會是一個下雨天嗎？

(A) Better late than never. 【諺】遲做總比不做好。

(B) Happy birthday to you. 祝你生日快樂。

(C) No, it will be sunny. 不，會是晴天。

* **go out** 外出　　rainy〔'renɪ〕adj. 下雨的；多雨的

sunny〔'sʌnɪ〕adj. 晴朗的

6. (**B**) Hey, guys.　Let's play some tricks on Davis when he comes back.

　　嘿，各位。當戴維斯回來時，我們來開他玩笑吧。

(A) You can't teach an old dog new tricks.

　　你無法教一隻老狗學新的把戲。

(B) That's not a good idea. 那不是個好主意。

(C) Sure.　Let's go shopping together.

　　好的。我們一起去購物。

* guy〔gaɪ〕*n.* 人；傢伙　　trick〔trɪk〕*n.* 把戲；特技
  play tricks on *sb.* 開某人玩笑　　***go shopping*** 購物

7. (**A**) Look! What a handsome boy he is! Do you know him?
看！他真是個帥哥！你認識他嗎？

(A) Of course. He is my cousin.
<u>當然。他是我表弟。</u>

(B) No. I can't leave now. 不。我現在不能離開。

(C) Why not? He needs some help.
為何不？他需要一些幫助。

* handsome〔'hænsəm〕*adj.* 英俊的
  cousin〔'kʌzn̩〕*n.* 堂（表）兄弟姊妹

8. (**C**) Don't forget your jacket. It's pretty cold outside.
不要忘記你的夾克。外面相當冷。

(A) I see. I'll turn it on. 我了解。我會打開它。

(B) Ok. I'll take it on. 好，我會承擔起來。

(C) All right. I'll put it on now.
<u>好的。我現在就穿上它。</u>

* jacket〔'dʒækɪt〕*n.* 夾克　　pretty〔'prɪtɪ〕*adv.* 相當地
  turn on 打開　　***take on*** 承擔（責任等）
  put on 穿上；戴上

9. (**C**) Mom, I not only cleaned my room but also took out the trash this afternoon.
媽，今天下午我不但打掃了我的房間，而且把垃圾拿出去。

(A) You deserve it. 你應得的。

(B) You had better see a doctor. 你最好去看醫生。

(C) Well done. <u>做得好。</u>

> * **not only…but also…** 不但…而且…
> **take out** 帶…出去　　trash〔træʃ〕 *n.* 垃圾
> deserve〔dɪ'zɝv〕 *v.* 應受；應得　　**well done** 做得好

10. (**A**) Students, we will set up the tent as soon as we get to the camping place.
同學們，我們一到達露營的地點，就要開始搭帳篷。

 (A) Wow. I can't wait. 哇。我等不及了。

 (B) What happened? 發生什麼事？

 (C) Don't give up. 不要放棄。

> * **set up** 建造；豎立　　tent〔tɛnt〕 *n.* 帳篷
> **as soon as** 一…就…；立即　　**get to** 到達
> camping〔'kæmpɪŋ〕 *n.* 露營；營地　　**give up** 放棄

第三部分：言談理解（第 11-20 題，共 10 題）

11. (**C**) W：Look! I found some great cars on the Net.
女：看！我在網路上發現一些好車。
M：Ok. I'll look at them after I finish the newpaper.
男：好的。我看完報紙後再去看它們。
W：You agreed that we would buy a bigger car, but you don't seem to care about it.
女：你同意我們要買輛大一點的汽車，但是你似乎不在乎它。

 Question：What is the man doing? 這位男士在做什麼？

 (A) He's surfing the Net. 他在上網。

 (B) He's using the computer. 他在用電腦。

 (C) He's reading the paper. 他在看報紙。

> * Net〔nɛt〕 *n.* 網路　　**look at** 看；查看
> agree〔ə'gri〕 *v.* 同意；承認　　**care about** 在乎
> surf〔sɝf〕 *v.* 瀏覽　　**surf the Net** 上網
> computer〔kəm'pjutɚ〕 *n.* 電腦　　paper〔'pepɚ〕 *n.* 報紙

12. (**B**) W : It's time to call it a day. I'm going to go home now.
　　　　　　　　See you, guys.

　　女：結束一天的工作時間到了。我現在要回家了。各位，
　　　　明天見。

　　　　M : Wait, Sara. Did you finish all the reports we need
　　　　　　for the meeting on Friday?

　　男：等一下，莎拉。你完成了我們星期五會議需要的所有報
　　　　告嗎？

　　　　W : Not yet. But today is only Wednesday. And I can
　　　　　　finish it by tomorrow evening.

　　女：還沒。但是今天才星期三。我可以在明天傍晚時完成。

　　　　Question : What day is tomorrow?

　　　　　　　　　　明天是哪一天？

　　(A) Wednesday. 星期三。

　　(B) Thursday. <u>星期四。</u>

　　(C) Friday. 星期五。

　　* ***call it a day*** 結束一天的工作
　　　report〔rɪ'port〕*n.* 報告　　　***not yet*** 還沒；尚未

13. (**B**) W : Andy, have you told your mom that you lost the cell
　　　　　　　　phone yet?

　　女：安迪，你已經告訴你媽媽你遺失手機的事嗎？

　　　　M : No, Wendy. I'm too scared.

　　男：不，溫蒂。我太害怕了。

　　　　W : You had better tell her the truth before it is too late.

　　女：你最好在太晚以前告訴她事實。

　　　　Question : Who lost the cell phone? 誰遺失手機？

(A) Andy's mom did. 安迪的媽媽。

(B) Andy did. 安迪。

(C) Wendy did. 溫蒂。

* cell phone〔ˈsɛlˌfon〕n. 手機　　yet〔jɛt〕adv. 已經
scared〔skɛrd〕adj. 害怕的

14. (**C**)　W：We need to book a room for two.　But the rooms are almost booked out in July.　I'm still working on that.

女：我們需要預訂一間兩人房。但是七月的房間差不多都訂滿了。我還在想辦法訂。

M：Please try your best to get a room.　You know how much I need to take a vacation.

男：請盡力訂到一個房間。你知道我有多需要去度假。

W：OK. I'll do my best.　And I'll finalize all of the travel plans, too.

女：好的。我將竭盡全力。而我也會完成所有的旅行計畫。

Question：What will they do in July?

他們在七月時將做什麼？

(A) They'll buy a book. 他們將買一本書。

(B) They'll clean the room. 他們將清理房間。

(C) They'll go on a trip. 他們將要去旅行。

* book〔buk〕v. 預訂　　***book out*** 訂滿
vacation〔veˈkeʃən〕n. 假期
do one's best 竭盡全力　　finalize〔ˈfainlˌaiz〕v. 完成
travel〔ˈtrævl〕n. 旅行　　trip〔trip〕n. 旅行

15. (**B**)　W：Please be seated, everyone.　Let's start with a quiz today.

女：各位，請坐下。我們今天一開始先做個測驗。

M : Ms. Wang, can we do something more interesting?

男：王老師，我們可以做些更有趣的事嗎？

W : But I want to know how well you have learned so far.
OK? I look forward to your satisfying grades. Now,
you have 30 minutes to finish it.

女：但是我想要知道，到目前為止你們學的如何，好嗎？我很
期待你們的成績令人滿意。現在，你們有三十分鐘去完
成它。

Question : Where are they? 他們在哪裡？

(A) In the gym. 在體育館。

(B) In the classroom. 在教室。

(C) On the playground. 在操場。

* **be seated** 坐下；就座　　**start with** 以～開始
quiz〔kwɪz〕 *n.* 測驗　　**so far** 到目前為止
look forward to 期待；盼望
satisfying〔'sætɪs,faɪɪŋ〕 *adj.* 令人滿意的
grade〔gred〕 *n.* 成績；評分　　gym〔dʒɪm〕 *n.* 體育館
classroom〔'klæs,rum〕 *n.* 教室
playground〔'ple,graʊnd〕 *n.* 操場；運動場

16. (**A**) W : Rick, how do you feel today? I was worried about
your cold.

女：瑞克，你今天感覺如何？我很擔心你的感冒。

M : I'm fine, thanks. Now I feel much better and I can
get back to work.

男：我很好，謝謝。現在我感覺好多了，而且我可以回來工作了。

W : It seems like I was worried for nothing.

女：似乎我白操心了。

Question : How is Rick now? 瑞克現在如何？

(A) He is OK. 他很好。

(B) He is worried. 他很擔心。

(C) He is excited. 他很興奮。

* **be worried about** 擔心　　**seems like** 似乎
　　for nothing 徒勞地；白白地

17. (**A**) M : Mom, I feel bored at school.　May I stay home today?

男：媽，我在學校覺得很無聊。我今天可以待在家裡嗎？

W : How come?　What's the problem, dear?

女：為什麼？有什麼問題嗎，親愛的？

M : Maybe it's because I'm not good at making friends.
I tried so hard to chat with my classmates, but I just
couldn't do it.　I wish someone could help me with
this.

男：或許是因為我不擅長交朋友。我很努力試圖和我的同學聊
天，但我就是做不到。我希望有人可以幫助我這個情況。

Question : Which is true about the boy?

關於這位男孩，哪一個是真的？

(A) He has few friends at school.

他在學校幾乎沒有朋友。

(B) He is too sick to go to school.

他生病了以致於不能去上學。

(C) He will help his mother today.

他今天將幫忙他媽媽。

* bored〔bɔrd〕*adj.* 無聊的　　***How come?*** 為什麼？
chat〔tʃæt〕*v.* 聊天；閒談
classmate〔'klæs,met〕*n.* 同學　　few〔fju〕*adj.* 幾乎沒有的
too…to~ 太…而不~

18. (**C**) W : How come the back door is open? Didn't you close
　　　　　it before we went out?

女：為什麼後門是開著的？我們外出前，你不是關了嗎？

　　　M : I'm sure I did. I'm confused, too. Wait. I think
　　　　　something is wrong.

男：我確定我有。我也很疑惑。等等，我想有些事情不對勁了。

　　　W : Oh, no. We had better call the police right away.

女：喔，不。我們最好立刻報警。

　　　Question : What might have happened?

　　　　　　　　可能發生了什麼事？

　　　(A) They invited the police to a party.

　　　　　他們邀請警察來參加派對。

　　　(B) The man had the wrong key. 這位男士拿錯鑰匙。

　　　(C) Someone broke into their house. <u>有人闖入他們的家。</u>

　　　* **back door** 後門　　confused〔kənˈfjuzd〕*adj.* 疑惑的
　　　　wrong〔rɔŋ〕*adj.* 不對勁的；錯誤的　　**police**〔pəˈlis〕*n.* 警察
　　　　right away 立刻；馬上　　invite〔ɪnˈvaɪt〕*v.* 招待；邀請
　　　　break into 闖入

19. (**C**) W : Rick, where's your brother?

女：瑞克，你的哥哥在哪裡？

　　　M : He's playing basketball with his classmates.

男：他和同學在打籃球。

　　　W : I hope he remembers today is your father's birthday
　　　　　and comes home early for the party.

女：我希望他記得今天是你們父親的生日，並早點回家參加宴會。

　　　Question : What are the kids going to do tonight?

　　　　　　　　這些小孩今晚要去做什麼？

(A) They are going to study with classmates.
　　他們要和同學去讀書。

(B) They are going to play basketball. 他們要去打籃球。

(C) They are going to celebrate their father's birthday.
　　他們要去慶祝父親的生日。

* basketball〔'bæskɪt,bɔl〕*n.* 籃球　　　kid〔kɪd〕*n.* 小孩
　celebrate〔'sɛlə,bret〕*v.* 慶祝

20. (**B**) W : Honey, can you help me out? I can't button up the
　　　　　　　　back of my dress.

女：親愛的，你可以幫我一下嗎？我無法扣住洋裝的後面。

M : Of course. It's my pleasure.

男：當然。這是我的榮幸。

W : I guess I'm too nervous. I'm really late for my job
　　interview. Get me a taxi, quick.

女：我猜我是太緊張了。我工作面試真的要遲到了。幫我叫
　　計程車，快！

M : Don't worry. I can drive you there.

男：不要擔心。我可以載你去那裡。

Question : How will the woman get to the interview?
　　　　　　　這位女士將如何去面試？

(A) By taxi. 坐計程車。

(B) By car. 坐汽車。

(C) On foot. 步行。

* ***help*** *sb.* ***out*** 幫助某人解決困難
　button〔bʌtn〕*v.* 扣上；扣住＜*up*＞
　pleasure〔'plɛʒɚ〕*n.* 榮幸　　　nervous〔'nɝvəs〕*adj.* 緊張的
　interview〔'ɪntɚ,vju〕*n.* 面試；面談

閱讀測驗 (第 21-60 題，共 40 題)

第一部分：單題 (第 21-35 題，共 15 題)

21.(**B**) 喬伊喜歡購物。她昨天晚上付了一千兩百五十元買了一件洋裝。

    (A) spend〔spɛnd〕*v.* 花錢＜on＞

    (B) *pay*〔pe〕*v.* 支付

    (C) take〔tek〕*v.* 拿；花費（時間）

    (D) cost〔kɔst〕*v.* 花費【以事物為主詞】

    * enjoy〔ɪn'dʒɔɪ〕*v.* 喜愛；享受　　dress〔drɛs〕*n.* 洋裝

22.(**C**) 你不覺得我們老師是對的嗎？我們最好聽她的勸告。

    (A) temple〔'tɛmpl̩〕*n.* 寺廟

    (B) price〔praɪs〕*n.* 價錢

    (C) *advice*〔əd'vaɪs〕*n.* 勸告；建議

    (D) season〔'sizn̩〕*n.* 季節

    * follow〔'falo〕*v.* 聽從

23.(**C**) 有了手機，你可以隨時和全世界的人保持聯絡。

    (A) radio〔'redɪ,o〕*n.* 收音機

    (B) number〔'nʌmbɚ〕*n.* 號碼

    (C) *cell phone*〔'sɛl,fon〕手機

    (D) refrigerator〔rɪ'frɪdʒə,retɚ〕*n.* 冰箱

    * *keep in touch with* 與～保持聯絡

      at any time 在任何時候；隨時

24.(**C**) 在我小時候，爸爸總會在我睡前在我臉頰一吻。

    (A) rose〔roz〕*n.* 玫瑰　　　　(B) knee〔ni〕*n.* 膝蓋

    (C) *kiss*〔kɪs〕*n.* 吻　　　　(D) meal〔mil〕*n.* (一) 餐

    * cheek〔tʃik〕*n.* 臉頰

25. (**C**) 對吉娜來說這是令人興奮的<u>時刻</u>。她贏得演講比賽的冠軍。

    (A) attention〔ə'tɛnʃən〕*n.* 注意（力）

    (B) music〔'mjuzɪk〕*n.* 音樂

    (C) ***moment***〔'momənt〕*n.* 時刻

    (D) autumn〔'ɔtəm〕*n.* 秋天

    * exciting〔ɪk'saɪtɪŋ〕*adj.* 令人興奮的　　win〔wɪn〕*v.* 贏得

    first place 第一名　　contest〔'kɑntɛst〕*n.* 比賽

26. (**C**) 我們住在九樓，我的祖父母住<u>在上面</u>一層，十樓。

    (A) under〔'ʌndɚ〕*adv.* 在下面

    (B) next〔nɛkst〕*adv.* 次於；下一個

    (C) ***above***〔ə'bʌv〕*adv.* 在上面

    (D) behind〔bɪ'haɪnd〕*adv.* 在背後

    * floor〔flor〕*n.* 地板；樓層

    grandparents〔'grænd,pɛrənts〕*n. pl.* 祖父母

27. (**B**) 茹比喜歡看有關歷史的書，因為她可以得知<u>過去</u>所發生的事。

    (A) personal〔'pɝsṇḷ〕*adj.* 個人的

    (B) ***past***〔pæst〕*n.* 過去　　(C) pound〔paʊnd〕*n.* 磅

    (D) public〔'pʌblɪk〕*n.* 大眾

    * history〔'hɪstərɪ〕*n.* 歷史

28. (**C**) 凱爾感到後悔，也已經知道考試<u>作弊</u>是不對的。

    (A) succeed〔sək'sid〕*v.* 成功

    (B) catch〔kætʃ〕*v.* 抓住　　(C) ***cheat***〔tʃit〕*v.* 作弊；欺騙

    (D) recycle〔ri'saɪkḷ〕*v.* 回收

    * already〔ɔl'rɛdɪ〕*adv.* 已經　　test〔tɛst〕*n.* 測驗

29. (**B**) 費歐娜<u>通常</u>一從學校回家就<u>看</u>卡通。

    依句意，此動作為常態，用現在簡單式，且頻率副詞 usually

    要放在一般動詞前，故選 (B) ***usually watches***。

    * cartoon〔kɑr'tun〕*n.* 卡通　　***as soon as*** 一～就…

30. (**A**) 媽媽：辛蒂，快一點。該去學校了。

　　　辛蒂：但我找不到眼鏡。<u>你可以幫我找嗎？</u>

　　　媽媽：我想眼鏡是在你頭上。

　　　(A) <u>你可以幫我找嗎？</u>

　　　(B) 我要把它們放在哪裡？

　　　(C) 你把它們送走了嗎？

　　　(D) 你可以幫我拿一個新的嗎？

　　　* **hurry up** 趕快　　**it's time for** 是～的時候了

　　　　glasses〔'glæsɪz〕*n. pl.* 眼鏡　　**look for** 尋找

　　　　give away 贈送

31. (**A**) 我和我的兄弟每天幫媽媽做很多<u>家事</u>，像是拖地、倒垃圾、洗碗等等。

　　　(A) **housework**〔'haʊs,wɝk〕*n.* 家事

　　　(B) homework〔'hom,wɝk〕*n.* 作業

　　　(C) headache〔'hɛd,ek〕*n.* 頭痛

　　　(D) job〔dʒɑb〕*n.* 工作

　　　* mop〔mɑp〕*v.* 用拖把拖　　**take out** 帶～出去

　　　　trash〔træʃ〕*n.* 垃圾　　dish〔dɪʃ〕*n.* 碗盤

　　　　and so on 等等；諸如此類

32. (**D**) 看！這位歌手很<u>受</u>青少年<u>歡迎</u>。演唱會上有好多年輕粉絲。

　　　be popular with～　受～歡迎，選 (D)。

　　　* teenager〔'tin,edʒɚ〕*n.* 青少年

　　　　fan〔fæn〕*n.* 迷；狂熱愛好者

　　　　concert〔'kɑnsɝt〕*n.* 演唱會

33. (**A**) 你要做的就是<u>告訴陳小姐事實</u>，然後她就會讓你<u>回</u>家。

　　　All one has to do is 的句型可接 to＋V，或者省略 to，用原型動詞，而 let 爲使役動詞，接受詞後要接原型動詞，故本題選 (A) **to tell**；**go**。

34. (**C**) 若　伊：湯姆多常踢足球？

　　　　　艾瑞克：<u>一周四天</u>。

　　　　　　　* football〔ˈfʊtˌbɔl〕*n.* 足球

35. (**A**) 我有<u>一些</u>家人喜歡在夏天去游泳，但是<u>有些</u>不喜歡。

　　　　　表示「有<u>些</u>～有些…」要用 some～*others*，故本題選 (A)。

第二部分：題組（第 36-60 題，共 25 題）

（36～40）

┌───┐

（在美國迪瓦的家）

佩姬：看<u>這些</u>美麗的<u>碗</u>。它們很<u>貴</u>嗎？
　　　　　　36　　　　　　　　　　37

迪瓦：我不知道。我媽媽前幾天寄給我的。我不知道價錢。

佩姬：哇！<u>那些</u>是什麼？
　　　　　38

迪瓦：<u>它們</u>是筷子。我媽媽常<u>用</u>它們來吃中國菜，她也叫我要用。
　　　39　　　　　　　　　　40

佩姬：我也喜歡中國菜。你也可以教我怎麼使用嗎？

迪瓦：當然。

└───┘

【註釋】

　　place〔ples〕*n.* 住處　　bowl〔bol〕*n.* 碗
　　have no idea 不知道（= *do not know*）　　***the other day*** 前幾天
　　chopsticks〔ˈtʃɑpˌstɪks〕*n. pl.* 筷子

36. (**D**) 依句意，選 (D) *these*。

37. (**A**) (A) ***expensive***〔ɪkˈspɛnsɪv〕*adj.* 昂貴的

　　　　　(B) cool〔kul〕*adj.* 涼快的；很酷的

　　　　　(C) quiet〔ˈkwaɪət〕*adj.* 安靜的

　　　　　(D) small〔smɔl〕*adj.* 小的

38. (**C**) 依句意,選 (C) *those*。

39. (**C**) 代替前面的複數名詞,代名詞用 *They*,選 (C)。

40. (**B**) 依句意,表「使用」之意,而且 My mom 為主詞,要用單數動詞,故選 (B) *uses*。

(41~45)

> 世界上有超過一百個國家。去其他國家<u>遊覽</u>很有趣。你去過
>   41
> 國外嗎?或許你可以會說你想要去,但是會<u>花</u>太多錢,或是你沒
>   42
> 有夠長的假期。有一個比較簡單的方法可以讓你遊覽其他國家。
>
> 那就是——閱讀。你可以進到書店或是圖書館,<u>找</u>和你有興
>   43
> 趣的國家相關的書。<u>藉由閱讀</u>書籍,你就能拜訪世界上所有精彩
>   44
> 的地方。看完這些書,你還會學到關於其他國家很多特別的事。
>
> 所以,讀<u>大量的</u>書吧,你一定會有很愉快的時光。
>   45

【註釋】

a lot of 許多   visit〔ˋvɪzɪt〕*v.* 參觀;拜訪
foreign〔ˋfɔrɪn〕*adj.* 外國的   vacation〔veˋkeʃən〕*n.* 假期
bookstore〔ˋbʊkˏstor〕*n.* 書店   library〔ˋlaɪˏbrɛrɪ〕*n.* 圖書館
be interested in 對~有興趣
wonderful〔ˋwʌndəfəl〕*adj.* 精彩的;奇妙的
special〔ˋspɛʃəl〕*adj.* 特別的;特殊的
therefore〔ˋðɛrˏfor〕*adv.* 因此;所以
be sure to + *V* 對~有興趣   *have a good time* 有愉快的時光

41. (**B**) 依句意和文法,句首 It 是虛主詞,用不定詞 *to visit* other countries 做真正主詞,故選 (B) *to visit*。

42. (**C**) 依句意，表示事物「花費」錢，選 (C) *cost*。

43. (**A**) (A) *look for* 尋找
     (B) look into 研究；調查
     (C) look to 注意；留心
     (D) get on 進展

44. (**C**) 依句意，選 (C) *By reading*「藉由閱讀」。

45. (**D**) 依句意，選 (D) *a lot of*「大量；許多」。

（ 46～48 ）

> 　　　親愛的上帝：我的名字叫張泰迪。我是台南人。台南是一個小城市，但它多采多姿，而且充滿好吃的食物。現在我讀富隆國中九年級。我喜歡做好吃的菜給別人吃，然後看他們臉上滿足的笑。所以我希望我能進入亞齊高中去學烹飪。請讓我的夢想成真。非常謝謝。

【註釋】

colorful〔ˈkʌləfəl〕*adj.* 多姿多采的　　*be full of* 充滿
yummy〔ˈjʌmɪ〕*adj.* 好吃的；美味的
grade〔gred〕*n.* (中小學的) 年級　　*junior high school* 國中
delicious〔dɪˈlɪʃəs〕*adj.* 美味的
satisfied〔ˈsætɪsˌfaɪd〕*adj.* 滿意的；滿足的
admit〔ədˈmɪt〕*v.* 准許進入　　*senior high school* 高中
cook〔kʊk〕*v.* 烹飪　　dream〔drim〕*n.* 夢想
come true 實現

46. (**C**) 泰迪幾歲？
     (A) 三十二歲。　　　　(B) 二十歲。
     (C) 十五歲。　　　　　(D) 十歲。

47. (**A**) 泰迪想成為什麼？

　　　(A) 廚師。　　　　　　　(B) 護士。

　　　(C) 醫生。　　　　　　　(D) 老師。

　　　* cook〔kʊk〕n. 廚師　　　nurse〔nɝs〕n. 護士

　　　　doctor〔'dɑktə〕n. 醫生　　teacher〔'titʃə〕n. 老師

48. (**D**) 泰迪在做什麼？

　　　(A) 做晚餐。　　　　　　　(B) 繪圖。

　　　(C) 和他的父母談話。　　(D) 許願。

　　　* dinner〔'dɪnə〕n. 晚餐　　draw〔drɔ〕v. 繪製；畫

　　　　wish〔wɪʃ〕n. 心願；希望

（49～51）

看圖表回答問題：

波琳媽咪的披薩	G.W. 披薩
$★★★	$★
美味沙拉；各式披薩 親切的服務。 接受信用卡。 晚餐：六～日 (415) 552-5052	美味湯品；各式披薩 適合家庭用餐。 接受信用卡。 晚餐：日～六 (415) 567-6649

【註釋】

pizza〔'pitsə〕n. 披薩　　salad〔'sæləd〕n. 沙拉

varied〔'vɛrɪd〕adj. 各式各樣的

friendly〔'frɛndlɪ〕adj. 親切的；友好的　　service〔'sɝvɪs〕n. 服務

credit card 信用卡　　accepted〔ək'sɛptɪd〕adj. 接受的

soup〔sup〕n. 湯

49. (**B**) 在波琳媽咪的披薩沒有什麼？

  (A) 水果沙拉。   (B) 玉米湯。

  (C) 海鮮披薩。   (D) 好的服務。

  * corn〔kɔrn〕*n.* 玉米 seafood〔'sifud〕*n.* 海鮮

50. (**A**) 芬妮和她的父母下禮拜五要吃晚餐。他們可以去哪裡？

  (A) G.W. 披薩。   (B) 波琳媽咪的披薩。

  (C) 任一家都可以。   (D) 兩家都不行。

  * either〔'iðɚ〕*pron.*（兩者之中）任何一個

   neither〔'niðɚ〕*pron.*（兩者之中）無一個

51. (**D**) 哪一個是正確的？

  (A) 在波琳媽咪的披薩只能付現。

  (B) 在 G.W. 比薩只能付現。 (C) 兩家餐廳都有美味湯品。

  (D) G.W. 披薩一周營業七天。

  * ***pay in cash*** 付現 open〔'opən〕*adj.* 營業的

（52～54）

湯瑪斯：早安，凱倫。我們搭電梯上辦公室吧。

凱　倫：不，湯瑪斯。走樓梯對我們有好處。

湯瑪斯：但是我今天不想走路！

凱　倫：為何不？你怎麼了？你以前都走樓梯的。

湯瑪斯：我昨天遇到我一個客戶。他找我去河濱騎單車。我們
　　　　騎車騎了三小時。所以我的腿現在超級痛。

凱　倫：嗯，看那邊的標示。上面寫著：「電梯今日故障。」
　　　　我們還是得走樓梯。

【註釋】

 elevator〔'ɛlə,vetɚ〕*n.* 電梯 stair〔stɛr〕*n.* 樓梯

 do sb. good 對某人有益 customer〔'kʌstəmɚ〕*n.* 顧客

bike〔baɪk〕*v.* 騎腳踏車　　along〔ə'lɔŋ〕*prep.* 沿著；順著
riverbank〔'rɪvɚ,bæŋk〕*n.* 河堤；河岸　　hurt〔hɝt〕*v.* 疼痛
sign〔saɪn〕*n.* 標誌；標示　　***over there*** 在那邊
out of order 發生故障

52. (**B**) 湯瑪斯昨天和誰在一起？
　　　　(A) 他的老師。　　　　　(B) 他的客戶。
　　　　(C) 凱倫。　　　　　　　(D) 他的老闆。
　　　　* boss〔bɔs〕*n.* 老闆；上司

53. (**A**) 湯瑪斯昨天做了什麼事？
　　　　(A) 他去騎單車。　　　　(B) 他爬了樓梯。
　　　　(C) 他去了中國餐廳。　　(D) 他看了電影。

54. (**B**) 凱倫和湯瑪斯怎麼上樓去工作的？
　　　　(A) 搭公車。　　　　　　(B) 走樓梯。
　　　　(C) 搭電梯。　　　　　　(D) 他們最後沒去工作。
　　　　* ***go up*** 上升　　***at last*** 最後；終於

（55～56）

六月，尼克的老師要他在暑假做些作業。他必須去問兩百
四十個在台北的年輕人一個問題：什麼時候他們最喜歡和父母
一起聚會和慶祝？下列圖表顯示他們的回答：

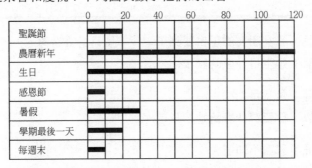

【註釋】

during〔'djʊrɪŋ〕*prep.* 在～期間　**summer vacation** 暑假
get together 相聚；聚會　celebrate〔'sɛlə,bret〕*v.* 慶祝
following〔'fɑləwɪŋ〕*adj.* 下面的；下述的
chart〔tʃɑrt〕*n.* 圖表；圖　show〔ʃo〕*v.* 顯示
Christmas〔'krɪsməs〕*n.* 聖誕節
Thanksgiving〔,θæŋks'gɪvɪŋ〕*n.* 感恩節
weekend〔'wik,ɛnd〕*n.* 週末

55. (**A**) 有多少個青少年回答他們會和父母一起過生日？
　　　　(A) 少於四分之一的青少年。
　　　　(B) 多於一半的青少年。
　　　　(C) 大部分的青少年。
　　　　(D) 每一個青少年。
　　　　* less than 少於　　quarter〔'kwɔrtɚ〕*n.* 四分之一
　　　　more than 多於　　half〔hæf〕*n.* 一半

56. (**B**) 以下哪一個是真的？
　　　　(A) 青少年喜歡和父母一起過感恩節。
　　　　(B) 最多人和家人一起過中國新年。
　　　　(C) 最多人最喜歡慶祝上學日的最後一天。
　　　　(D) 暑假是第二受歡迎的慶祝時節。

(57～59)

彼得：我女朋友的生日要到了。我下個月會去台灣。
貝蒂：她生日什麼時候？

彼得：是八月九號。
貝蒂：你要買什麼給她？

彼得：我還不知道。

貝蒂：很簡單。何不送她花或巧克力呢？女孩子都喜歡花或甜食。

彼得：你說的對！

貝蒂：接下來，你也可以和她去不錯的餐廳吃飯。

彼得：聽起來不錯。

（八月十二號。彼得和貝蒂在講電話。）

貝蒂：你上星期六的約會如何？

彼得：我買了一些玫瑰給佩姬，還帶她去法式餐廳吃飯。我們度過了很棒的時光。一切都很完美。

貝蒂：太好了。

【註釋】

yet〔jɛt〕*adv.* 還（沒）　　chocolate〔ˈtʃɑkəlɪt〕*n.* 巧克力

sweet〔swit〕*n.* 甜點　　***You can say that again!*** 你說的對！

sound〔saʊnd〕*v.* 聽起來　　date〔det〕*n.* 約會

rose〔roz〕*n.* 玫瑰花　　perfect〔ˈpɝfɪkt〕*adj.* 完美的；理想的

57. (**B**) 彼得上個周末跟誰在一起？

    (A) 他的祖父。   (B) 他的女友。

    (C) 他的爸爸。   (D) 他的姊妹。

58. (**B**) 彼得有買巧克力給女朋友嗎？

    (A) 有，他買了。   (B) 沒有，他沒買。

    (C) 有，而且他還買了一些花。

    (D) 沒有，而且他也沒有買花。

59. (**A**) 今天是星期幾？

    (A) 星期二。   (B) 星期三。

    (C) 星期四。   (D) 星期五。

(60)

你看到了嗎？

湯姆和傑瑞出去獵鹿。湯姆說:「你看到了嗎？」

「沒有。」傑瑞說。

「嗯，一隻禿鷹剛剛從頭上飛過。」湯姆說。

「噢。」傑瑞說。

幾分鐘之後，湯姆說:「你看到了嗎？」

「看到什麼？」傑瑞問。

「你瞎了嗎？有一隻大黑熊走在那邊的山丘上。」

「噢。」

幾分鐘之後，湯姆說:「你看到了嗎？」

但這一次，傑瑞生氣了，所以他回答:「有，我看到了！」

然後湯姆說:「那你為什麼要踏進去？」

【註釋】

hunt〔hʌnt〕*v.* 打獵　　deer〔dɪr〕*n.* 鹿

bald〔bɔld〕*adj.* 禿頭的；禿的　　eagle〔ˈigl〕*n.* 鷹

bald eagle 禿鷹　　fly〔flaɪ〕*v.* 飛

overhead〔ˈovɚˈhɛd〕*adv.* 在頭上　　bear〔bɛr〕*n.* 熊

hill〔hɪl〕*n.* 山丘；小山　　***by now*** 現在；此刻

step〔stɛp〕*v.* 踏（進）；跨（入）

60.(**D**) 湯姆沒看到什麼？

　　(A) 傑瑞。　　　　　　(B) 禿鷹。

　　(C) 黑熊。　　　　　　(D) <u>鹿。</u>

TEST 4 詳解

聽力測驗（第 1-20 題，共 20 題）

第一部分：辨識句意（第 1-3 題，共 3 題）

1. (**B**) (A)　　　　　　(B)　　　　　　(C)

They are going on a vacation. 他們要去度假。

　* vacation〔 ve'keʃən〕 *n.* 假期　　　***on vacation*** 度假中

2. (**A**) (A)　　　　　　(B)　　　　　　(C)

Leo brushes his teeth first after he gets up every day.

里歐每天起床後先刷牙。

　* brush〔 brʌʃ〕 *v.* 刷　　　teeth〔 tiθ〕 *n. pl.* 牙齒　　　***get up*** 起床

3. (**A**) (A)　　　　　　(B)　　　　　　(C)

The girl helped her mother to vacuum the room the day before yesterday.

這女孩前天幫她的媽媽用吸塵器清掃房間。

* vacuum〔'vækjʊəm〕*v.* 用吸塵器清掃
the day before yesterday 前天

第二部分：基本問答（第 4-10 題，共 7 題）

4. (**C**) Excuse me. How do I get to the 912 bus stop?

   對不起，我要如何才能到 912 號公車站牌？

   (A) Do you like to take a bus? 你要去搭公車嗎？

   (B) It's convenient to take a bus. 搭公車是方便的。

   (C) Look. It is just one minute's walk from here.
   <u>你看。從這裡走路去只要一分鐘。</u>

   * ***bus stop*** 公車站牌
   convenient〔kən'vinjənt〕*adj.* 方便的
   walk〔wɔk〕*n.* 步行距離；路程

5. (**C**) Elva, I will go on a picnic in Hualien next week. Do you know how the weather is there?

   艾娃，我下星期將要去花蓮野餐。你知道那裡的天氣如何嗎？

   (A) The grass is always greener on the other side of the fence.

   【諺】籬笆外的草總是比較綠；外國的月亮比較圓。

   (B) God bless you. 上帝保佑你。

   (C) It will rain cats and dogs. <u>將會下傾盆大雨。</u>

   * ***go on a picnic*** 去野餐
   Hualien〔'hua'lɪɛn〕*n.* 花蓮【臺灣東部一縣市】
   weather〔'wɛðɚ〕*n.* 天氣　　grass〔græs〕*n.* 草
   side〔saɪd〕*n.* 邊　　fence〔fɛns〕*n.* 籬笆
   bless〔blɛs〕*v.* 祝福　　***rain cats and dogs*** 下傾盆大雨

6. (**B**) Hey, guys.　Don't make fun of Daniel's poor English.

嗨，各位。不要嘲笑丹尼爾的爛英文。

(A) Practice makes perfect.　【諺】熟能生巧。

(B) Ok.　He has done his best.　<u>好的。他盡力了。</u>

(C) Yes, English is fun.　是的，英文很有趣。

* guy〔gaɪ〕n. 人；傢伙
  make fun of 取笑　　poor〔pur〕adj. 差勁的
  peactice〔'præktɪs〕n. 練習　　make〔mek〕v. 成爲
  perfect〔'pɝfɪkt〕adj. 完美的；熟練的　　***do one's best*** 竭盡全力
  fun〔fʌn〕adj. 有趣的

7. (**A**) Honey, please call me as soon as the airplane lands at the airport.　I will pick you up.

親愛的，飛機一降落在機場請打電話給我，我會去接你。

(A) No problem.　I will.　<u>沒問題，我會的。</u>

(B) What's up?　發生什麼事？

(C) Don't bother me.　不要煩我。

* ***as soon as*** 一…就　　airplane〔'ɛr,plen〕n. 飛機
  land〔lænd〕v. 降落　　airport〔'ɛr,port〕n. 機場
  pick sb. ***up*** 接某人　　bother〔'baðɚ〕v. 打擾

8. (**B**) I am sure neither you nor Tom would cheat on the test.

我很確信即不是你也不是湯姆在考試時作弊。

(A) What is wrong with you both?　你們兩個怎麼了？

(B) Thanks for your trust in us.　<u>謝謝你相信我們。</u>

(C) Hold on a moment.　等一下。

* ***neither…nor*** ~ 既不…也不~　　cheat〔tʃit〕v. 作弊
  test〔tɛst〕n. 測驗；小考　　both〔boθ〕pron. 兩者（都）
  trust〔trʌst〕n. 信任；信賴　　***hold on*** 停住；等一下
  moment〔'momənt〕n. 片刻

9. (**A**) Sir, how do you like your meal? 先生，你覺得你的餐點如何？
   (A) It is delicious. 很好吃。
   (B) None of them is disgusting. 沒有一個是令人噁心的。
   (C) It is good for my teeth. 它對我的牙齒很好。
   * meal〔mil〕*n.* 一餐　　delicius〔dɪ'lɪʃəs〕*adj.* 美味的
   none〔nʌn〕*n.* 誰也沒有；一點也沒有
   disgusting〔dɪs'gʌstɪŋ〕*adj.* 令人噁心的

10. (**C**) Mom, which is better for me to wear to the party, the long
   dress or the short skirt?
   媽，我要去參加宴會穿哪一件比較好，長洋裝或短裙？
   (A) Either the long dress or the short skirt.
   不是長洋裝就是短裙。
   (B) Better late than never. 遲做總比不做好。
   (C) You had better wear the long dress. 妳最好穿長洋裝。
   * wear〔wɛr〕*v.* 穿戴　　dress〔drɛs〕*n.* 洋裝
   skirt〔skɝt〕*n.* 裙子　　*either~or*… 不是~就是…
   Better late than never. 【諺】遲做總比不做好；亡羊補牢，
   猶未晚也。

第三部分：言談理解（第 11-20 題，共 10 題）

11. (**C**) W：Look! There are some of this year's most
   fashionable dresses in the window.
   女：你看！在櫥窗裡有一些今年最流行的洋裝。
   M：Yes. I have noticed them, too. However, they are all
   expensive. I can't afford any of them.
   男：是的。我也有注意到它們。然而，它們全都很昂貴，我一件
   也買不起。
   W：Maybe we can ask the clerk for a discount.
   女：或許我們可以要求店員給點折扣。

Question : Where may they be talking?

他們可能在哪裡談話？

(A) They're talking on the Net. 他們在網路上聊天。

(B) They are in Starbucks. 他們在星巴克。

(C) Outside a department store. 在百貨公司外面。

* fashionable〔'fæʃənəbl〕*adj.* 流行的

window〔'wɪndo〕*n.*（商店）櫥窗

notice〔'notɪs〕*v.* 注意到

expensive〔ɪks'pɛnsɪv〕*adj.* 昂貴的

afford〔ə'ford〕*v.* 負擔得起　　***ask for*** 要求

clerk〔klɝk〕*n.* 店員

discount〔'dɪskaʊnt〕*n.* 折扣

Net〔nɛt〕*n.* 網路

department store 百貨公司

12. (**B**) W : It's time to go to bed.　It's already twelve now.

女：該是上床的時候了。現在已經 12 點了。

M : Mom, tomorrow is the weekend.　Why not let me play a little longer?

男：媽，明天是週末。爲什麼不能讓我稍微玩久一點呢？

W : No way.　Having a good habit of getting up and going to bed early is good for your health, especially during your teenage years.

女：不行。最睡早起是個好習慣，對你的健康有幫助，特別是在你的青少年時期。

Question : What day is today? 今天是星期幾？

(A) Thursday. 星期四。

(B) Friday. 星期五。

(C) Saturday. 星期六。

* ***it's time to*** V 該是～的時候了
weekend ('wik,ɛnd) *n.* 週末　　***no way*** 不行
habit ('hæbɪt) *n.* 習慣　　health (hɛlθ) *n.* 健康
especially (ə'spɛʃəlɪ) *adv.* 特別；尤其是
during ('djʊrɪŋ) *prep.* 在～期間
teenage ('tin,edʒ) *adj.* 十幾歲的；青少年的

13. (**A**)　W : Frank, have you told your mom that you want to go to England for a trip?

女：法蘭克，你有告訴你的媽媽說你要去英國旅行嗎？

M : No, Rosa, because I'm afraid that my mom wouldn't let me go.

男：沒有，羅莎，因為我怕我媽媽不讓我去。

W : You had better tell her soon; otherwise, you won't be able to go.

女：你最好盡快告訴她；否則你不能去。

Question : Who does not yet know about the trip?

關於這趟旅行，誰還不知道？

(A) Frank's mom. 法蘭克的媽媽。

(B) Frank. 法蘭克。

(C) Rosa. 羅莎。

* trip (trɪp) *n.* 旅行　　afraid (ə'fred) *adj.* 害怕的；擔心的
had better 最好　　otherwise ('ʌðə,waɪz) *adv.* 否則；不然
be able to 能夠

14. (**C**)　W : I need to book a table for four for Grace's birthday. But the tables in this famous restaurant are booked out in October. I'm still looking for another good one.

女：我為了葛麗絲的生日，我必須訂一張四人餐桌。但是在十月時，這家有名的餐廳已經客滿。我還在找尋另一家好的餐廳。

M：I know one restaurant that is well-known for its seafood. I can try calling that one.

男：我知道一家以海鮮出名的餐廳。我可以打電話試試看。

W：OK. I hope you can make a reservation.

女：好的。我希望你能預訂成功。

Question：What will they do in October?

他們將在十月時做什麼？

(A) They'll buy a book. 他們將買一本書。

(B) They'll look for a table for four.

他們將找一張四人餐桌。

(C) They'll have a birthday dinner. 他們將舉行生日晚宴。

* book〔buk〕v. 預訂　　famous〔'feməs〕adj. 有名的
restaurant〔'rɛstərənt〕n. 餐廳　　**book out** 客滿
look for 尋找　　well-known〔'wɛl'non〕adj. 有名的
seafood〔'si,fud〕n. 海鮮　　reservation〔,rɛzə'veʃən〕n. 預訂
dinner〔'dɪnə〕n. 晚餐；晚宴

15. (**B**) W：Please be quiet. We will start a quiz in a few minutes.

女：請保持安靜。幾分鐘後我們將開始測驗。

M：Ms. Chang, can we do some interesting activity instead of taking a quiz?

男：張女士，我們可以做些有趣的活動來代替考試嗎？

W：I understand you are afraid of testing. But a test can show you and me whether or not you have learned what I taught. Now, this test will take you 30 minutes to finish.

女：我了解你害怕測驗。但是測驗可以告訴我們，你是否有學到我教的東西。現在，你有三十分鐘來完成這個測驗。

Question：Where are they talking? 他們在哪裡談話？

(A) At a concert. 在演唱會。

(B) In a classroom. 在教室裡。

(C) In a theater. 在戲院。

* quiet〔'kwaɪət〕*adj.* 安靜的　　quiz〔kwɪz〕*n.* 小考
interesting〔'ɪntrɪstɪŋ〕*adj.* 有趣的
activity〔æk'tɪvətɪ〕*n.* 活動　　*instead of* 代替
be afraid of 害怕　　test〔tɛst〕*n.* 測驗
show〔ʃo〕*v.* 給…看　　*whether or not* 是否
concert〔'kɑnsɝt〕*n.* 演唱會　　classroom〔'klæs,rum〕*n.* 教室
theater〔'θiətɚ〕*n.* 戲院；電影院

16. (**B**)　W : Brian, how are you doing now? Is your illness
getting better?

女：布萊恩，你現在好嗎？你的病好一點了嗎？

M : I'm fine, thanks. I think I will get back to work after
another week of rest.

男：我很好，謝謝。我想再休息一星期後，就可以回去工作了。

W : Great. We can work together on the project which
still needs your help.

女：太棒了。我們可以合作，一起做這項計畫，這仍然需要你的
幫助。

Question : How much longer will Brian take a leave for his
illness? 布萊恩因為他的病還要再休息多久？

(A) Two weeks. 兩星期。

(B) One week. 一星期。

(C) It is not mentioned in the conversation.
在對話中沒有提到。

* illness〔'ɪlnɪs〕*n.* 疾病
get back 回來　　rest〔rɛst〕*n.* 休息

project〔ˈprɑdʒɛkt〕*n.* 計畫

take a leave 請假　　mention〔ˈmɛnʃən〕*v.* 提到

conversation〔ˌkɑnvəˈseʃən〕*n.* 對話

17. (**A**)　M：Mom, I feel unhappy at school.　May I come home
now?

男：媽，我在學校感覺不快樂。我可以現在回家嗎？

W：How come?　What happened to you, dear?

女：為什麼？你發生了什麼事，親愛的？

M：I don't know why, but I just couldn't open my mouth
to say something to my classmates and teachers.
Maybe I'm too shy to talk with my classmates and
teachers.

男：我不知道為什麼，但我就是無法開口去跟我的同學和老師
說話。或許是我太害羞，無法和我的同學和老師交談。

Question：What's wrong with the boy?

這個男孩怎麼了？

(A) He has difficulty talking with people at school.

他在學校很難和別人交談。

(B) He is too unhappy to go to school.

他太不快樂以致於不能去上學。

(C) He can't help his classmates in the classroom.

他不能在教室幫助他的同學。

* ***How come?*** 為什麼？（ *= why?* ）

classmate〔ˈklæsˌmet〕*n.* 同班同學

too…to~ 太…以致於不~　　shy〔ʃaɪ〕*adj.* 害羞的

talk with 與~交談　　difficulty〔ˈdɪfəˌkʌltɪ〕*n.* 困難

have difficulty + ***V-ing*** 做…有困難

18. (**C**) W : How come our apartment building is crowded with
           so many people?

女：為什麼我們的公寓大樓擠滿了這麼多人？

M : Oh, no! The firefighters are putting out a fire and
    saving some people from our building.

男：噢，不！消防隊員正在滅火並且從我們的大樓救出一些人。

Question : What happened to these two persons?

這兩個人發生了什麼事？

(A) They are interested in seeing the firefighters in their
    apartment building.

他們對於在他們的公寓大樓看到消防隊員很感興趣。

(B) They are confused about the firefighters.

他們對於消防人員有些困惑。

(C) There is a fire in their apartment building.

他們的公寓大樓失火了。

* ***apartment building*** 公寓大樓   ***be crowded with*** 擠滿了～
  firefighter〔ˈfaɪrˌfaɪtɚ〕*n.* 消防隊員   ***put out*** 熄滅
  save〔sev〕*v.* 拯救   confused〔kənˈfjuzd〕*adj.* 困惑的

19. (**C**) W : Eric, what a shame you didn't go to Timothy's party!

女：艾利克，真可惜你沒去提蒙司的宴會！

M : What was special about his party?

男：他的宴會有什麼特別的嗎？

W : Do you remember the beautiful girl we met last week
    at the gym? She came to the party and we talked a
    lot with each other.

女：你記得我們上星期在健身房看到的漂亮女孩嗎？她來參加
    宴會，而且我們互相談了很多。

Question：How did Eric's friend think that Eric would
feel?　艾利克的朋友認為艾瑞克會覺得如何？

(A) Eric had no shame.　艾利克不覺得羞恥。

(B) Eric liked to listen to his friend talking about the girl.
艾利克喜歡聽他的朋友談論這女孩。

(C) She thought Eric would feel too bad.
她認為艾利克可能會覺得很難受。

* shame〔ʃem〕*n.* 可惜的事；羞恥
special〔'spɛʃəl〕*adj.* 特別的　　gym〔dʒɪm〕*n.* 體育館

20. (**B**)　W：Honey, can you give me a ride?
女：親愛的，你可以讓我搭便車嗎？

M：What for?
男：為什麼？

W：I forgot that I have an important meeting with my
boss at 8:30 p.m.
女：我忘記在晚上八點三十分和老闆有一個重要的會議。

M：Sorry, I can't, but I will call a taxi to drive you there.
男：抱歉，我不行，但我會叫計程車送妳去那裡。

Question：How will the woman go to her meeting?
這位女士將如何去她的會議？

(A) In her husband's car.　坐她丈夫的車。

(B) By taxi.　坐計程車。

(C) On foot.　步行。

* ride〔raɪd〕*n.* 搭乘　　***give sb. a ride*** 送某人一程
What for? 為什麼？（= *why?*）
important〔ɪm'pɔrtn̩t〕*adj.* 重要的
meeting〔'mitɪŋ〕*n.* 會議　　boss〔bɔs〕*n.* 老闆
drive sb. 開車載某人　　***on foot*** 步行

閱讀測驗 (第 21-60 題 ，共 40 題)

第一部分：單題 (第 21-35 題 ，共 15 題)

21. (**A**) 如果你看到街上有一些垃圾，就把它<u>撿起來</u>。

    (A) ***pick up*** 撿起來   (B) scare away 嚇跑

    (C) turn up 開大聲   (D) write down 寫下來

    * garbage (ˈgɑrbɪdʒ) *n.* 垃圾

22. (**C**) 那隻失蹤的貓在垃圾車後面<u>被找到</u>。

    依句意為被動語態，故選 (C) ***was found*** 「被找到」。

    * missing (ˈmɪsɪŋ) *adj.* 失蹤的   ***at the back of*** 在…的後面

    garbage truck 垃圾車

23. (**D**) 瑪麗娜很<u>興奮</u>，因為她即將要去台北小巨蛋看女神卡卡的演唱會。

    (A) excite (ɪkˈsaɪt) *v.* 使興奮

    (C) exciting (ɪkˈsaɪtɪŋ) *adj.* 令人興奮的；刺激的【修飾事物】

    (D) ***excited*** (ɪkˈsaɪtɪd) *adj.* 興奮的【修飾人】

    * concert (ˈkɑnsɝt) *n.* 音樂會；演唱會

    arena (əˈrinə) *n.* 圓形劇場；圓形運動場

    Taipei Arena 台北小巨蛋

24. (**A**) 艾倫今天忙著準備他的報告。他的老闆會從美國回來，明天他們
將會舉行重要的<u>會議</u>。

    (A) ***meeting*** (ˈmitɪŋ) *n.* 會議

    (B) message (ˈmɛsɪdʒ) *n.* 訊息

    (C) machine (məˈʃin) *n.* 機器

    (D) million (ˈmɪljən) *n.* 百萬

    * ***be busy*** + *V-ing* 忙著做…   prepare (prɪˈpɛr) *v.* 準備

    report (rɪˈport) *n.* 報告   boss (bɔs) *n.* 老闆

25. (**A**) 我們的校慶去年是<u>在</u>九月。但今年則是<u>在</u>十月一日慶祝。

表示月份，介系詞用 in；表特定日子，介系詞用 on。

* anniversary〔͵ænə'vɝsərɪ〕*n.* 週年紀念
  school anniversary 校慶
  September〔sɛp'tɛmbɚ〕*n.* 九月
  October〔ɑk'tobɚ〕*n.* 十月　celebrate〔'sɛlə͵bret〕*v.* 慶祝

26. (**C**) 你能要求法蘭克安靜一點嗎？他太<u>吵</u>了。他讀小說讀得太<u>大聲</u>了。

be 動詞後應接形容詞做主詞補語，故第一個空格應填 noisy
〔'nɔɪzɪ〕*adj.* 吵雜的；修飾動詞應用副詞，故第二個空格應填
loudly〔'laʊdlɪ〕*adv.* 大聲地。

noisily〔'nɔɪzɪlɪ〕*adv.* 吵雜地　　loud〔laʊd〕*adj.* 大聲的
* novel〔'nɑvl̩〕*n.* 小說　　quiet〔'kwaɪət〕*adj.* 安靜的

27. (**C**) 艾咪是英國人，但露西不是；她是美國人。

(A) 艾咪不是英國人。　　　(B) 露西是英國人。

(C) <u>艾咪不是美國人。</u>　　(D) 艾咪和露西不是英國人。

* English〔'ɪŋglɪʃ〕*adj.* 英國人的
  American〔ə'mɛrɪkən〕*adj.* 美國人的

28. (**A**) 你沒有票不能來。

(A) <u>如果你有票就能來。</u>　(B) 你有票絕對不能來。

(C) 你不需要票就能來。　　(D) 你無法在外面買到票。

* ticket〔'tɪkɪt〕*n.* 票

29. (**D**) 今天的數學作業對我而言太難了，<u>無法完成</u>。所以我會去找我哥
哥求助。

too～to V. 表示「太～而不…」，故選 (D) ***to finish***。

* homework〔'hom͵wɝk〕*n.* 作業

30. (**A**) 當你走過郵局時，不要忘了寄包裹。

依句意，「忘記做某事」要用 forget to + V. , 故選 (A)
to mail，mail 做動詞，作「郵寄」解。forget + V-ing
則表示「忘記做過某事」，不合句意。

* forget 〔 fə'gɛt 〕 *v.* 忘記　　package 〔'pækɪdʒ 〕 *n.* 包裹
walk by 走過　　***post office*** 郵局

31. (**C**) 娜狄雅要去剪頭髮，露西也是。

表示肯定的「也」要用「***so*** + be 動詞 / 助動詞 + 主詞」，故
選 (C)。若要用 too，則應改寫成：and Lucy is, ***too***，句
子不倒裝。

32. (**C**) 凱倫不擅長說笑話，曼蒂也不。

表示否定的「也不」要用「***neither*** + be 動詞 / 助動詞 +
主詞」，故選 (C) ***neither is Mandy***。若要用 either，應改寫成：
Mandy isn't, either.。要用否定，且句子不倒裝。

* ***be good at*** 擅長　　***tell a joke*** 說笑話

33. (**D**) A：你知道嗎？我們昨天在公園裡遇到的那位帥哥邀請我們去
他的舞會耶！

　　　 B：真是太棒了！

句中 The handsome man 是主詞，而 we met…yesterday
是形容詞子句，修飾主詞，故空格應填入主要動詞，且依句意
為過去式，故選 (D) ***invited***「邀請」。

* handsome 〔'hænsəm 〕 *adj.* 英俊的
amazing 〔 ə'mezɪŋ 〕 *adj.* 令人驚訝的；令人高興的；很棒的

34. (**B**) 鮑伯：我們春假有什麼計劃嗎？

　　　 麗茲：整天看電視、玩電腦遊戲如何？

依句意選 (B)，***How about*** + N / V-ing…? 表示「…如何？」。
(A) Can we 和 (C) Why not 要接原形動詞，而 (D) Let's
要接原形動詞，且為肯定句，用句點而非問號，均不合。

* ***spring vacation*** 春假　　***computer game*** 電腦遊戲
all day long 整天

35. (**D**) 珊　　迪：我們明天要去遊樂園嗎？

費歐娜：<u>視天氣而定</u>。如果天氣晴朗，我們就去。

珊　　迪：希望是。我真的好期待喔！

(A) decide〔dɪˋsaɪd〕v. 決定

(B) print〔prɪnt〕v. 印刷

(C) practice〔ˋpræktɪs〕v. 練習；實行

(D) *depend*〔dɪˋpɛnd〕v. 依賴

　　　depend on 依賴；視～而定

* amusement〔əˋmjuzmənt〕n. 娛樂

amusement park 遊樂園　　weather〔ˋwɛðɚ〕n. 天氣

sunny〔ˋsʌnɪ〕adj. 晴朗的　　*look forward to* 期待

第二部分：題組（第 36-60 題，共 25 題）

（36～39）

 很久以前，有一隻獵犬從他的巢穴追逐一隻野兔。但是跑了很久之後，獵犬停下來<u>不追了</u>。看到的
　　　　　　　　　　　　　　　　　　　36

牧羊人<u>嘲笑</u>獵犬說：「小野兔是你們兩個<u>之間</u>跑得比
　　　37　　　　　　　　　　　　　　38

較快的！」獵犬回答：「但你沒有看出我們之間

的<u>不同</u>：我只是為了一頓晚餐而跑；而他是為
　　39

了保全性命而跑。」

【註釋】

hound〔haʊnd〕n. 獵犬　　chase〔tʃes〕v. 追逐

hare〔hɛr〕n. 野兔　　lair〔lɛr〕n. 巢穴；躲藏處

goatherd〔ˋgot͵hɝd〕n. 牧山羊者　　goat〔got〕n. 山羊

herd〔hɝd〕n. 牧人　　reply〔rɪˋplaɪ〕v. 回答

for one's life 為了保全性命；拼命地

36. (**B**) 表示「停止做某事」用 stop + V-ing，故選 (B) ***chasing***，「停止追逐」表示「停下來不追了」。若用 stop to + V.，指的是「停下來去做某事」，stop to chase 變成「停下來開始去追」，句意就不合了。

37. (**B**) ***laugh at*** 嘲笑。

38. (**B**) 表示「兩者之中比較⋯的那一個」，要用「the + 比較級⋯ + ***of*** the two」，故選 (B)。

39. (**B**) 空格應填名詞，根據句意，選 (B) ***difference***「不同」。而 (A) different〔ˋdɪfrənt〕*adj.* 不同的，為形容詞，用法不合。而 (C) decision〔dɪˋsɪʒən〕*n.* 決定，和 (D) decide〔dɪˋsaɪd〕*v.* 決定，均不合。

(40～41)

黛比：嘿，吉娜！妳聽到消息了嗎？吉姆和凱特要<u>結</u>婚了！
　　　　　　　　　　　　　　　　　　　　　　　　　　40

吉娜：真的嗎？真令人興奮！

黛比：可不是嗎？他們將在五月十二日舉行喜宴。

吉娜：哇！喜宴會在哪裡舉行？

黛比：在圓山飯店。

吉娜：我等不及要看凱特<u>穿</u>白色的結婚禮服！
　　　　　　　　　　41

黛比：我也是。我們一起去吧！

【註釋】

hey〔he〕*interj.* 嘿　　news〔njuz〕*n.* 消息
exciting〔ɪkˋsaɪtɪŋ〕*adj.* 令人興奮的　　hold〔hold〕*v.* 舉行
wedding〔ˋwɛdɪŋ〕*n.* 婚禮　　reception〔rɪˋsɛpʃən〕*n.* 招待會
wedding reception 喜宴　　wow〔waʊ〕*interj.* 哇

Grand Hotel 圓山飯店　　*wedding dress* （新娘的）結婚禮服
together〔tə'gɛðə〕*adv.* 一起

40. (**D**) 依句意，選 (D) *getting married*「結婚」。

41. (**B**) 表「穿著（…衣服）」，介系詞用 *in*，選 (B)。

(42～43)

比爾：我上星期去台北市立動物園。那裡的動物種類真多！
吉姆：你看到了什麼？

比爾：我看到猴子、鳥，和獅子。
吉姆：哇。你最喜歡哪一個？

比爾：我喜歡獅子。我聽到牠們怒吼！怒吼聲很大，<u>以致於</u>
　　　我必須搗住我的耳朵！　　　　　　　　　　42

吉姆：你不會怕牠們嗎？

比爾：<u>一點也不。</u>牠們都在籠子裡。
　　　　43

【註釋】

kind〔kaɪnd〕*n.* 種類　　animal〔'ænəml̩〕*n.* 動物
lion〔'laɪən〕*n.* 獅子　　roar〔ror〕*v.* 吼叫　*n.* 吼叫聲；怒吼聲
loud〔laud〕*adj.* 大聲的　　cover〔'kʌvə〕*v.* 覆蓋
be afraid of 害怕　　cage〔kedʒ〕*n.* 籠子

42. (**A**) *so...that* 如此…以致於

43. (**C**) (A) 當然。　　　　　　(B) 你說得對。
　　　　　(C) <u>一點也不。</u>　　　　(D) 怎麼了？

　　　　　* *of course* 當然　　*You can say that again.* 你說得對。
　　　　　not at all 一點也不
　　　　　What's wrong? 怎麼了？（= *What's the matter?*）

（44～46）

> 　　抬頭仰望星星。你看到圖案了嗎？在古代，很多人都看到了。他們稱這些星群爲星座。許多星座的名稱都來自希臘人和羅馬人。有個星座很容易找，那就是獵戶座。它也被稱爲 the Hunter。獵戶座包含許多明亮的星星。有三顆閃亮的星星構成腰帶。藍白色的星星參宿七是獵人的右肩。紅色的參宿四是他的左腳。在冬天看獵戶座看得最清楚。

【註釋】

look up at 往上看　　picture〔ˋpɪktʃɚ〕*n.* 圖案
ancient〔ˋenʃənt〕*adj.* 古代的　　**in ancient times** 在古代
group〔grup〕*n.* 群；團
constellation〔ˏkɑnstəˋleʃən〕*n.* 星座；星群
come from 來自；起源於　　Greek〔grik〕*n.* 希臘人
Roman〔ˋromən〕*n.* 羅馬人　　**easy to find** 容易找到的
Orion〔oˋraɪən〕*n.* 獵戶座　　hunter〔ˋhʌntɚ〕*n.* 獵人
contain〔kənˋten〕*v.* 包含　　bright〔braɪt〕*adj.* 明亮的
form〔fɔrm〕*v.* 形成　　belt〔bɛlt〕*n.* 腰帶
Rigel〔ˋraɪgl̩〕*n.* 參宿七　　mark〔mɑrk〕*v.* 明顯表示
right〔raɪt〕*adj.* 右邊的　　shoulder〔ˋʃoldɚ〕*n.* 肩膀
Betelgeuse〔ˏbitl̩ˋʒɝz〕*n.* 參宿四　　left〔lɛft〕*adj.* 左邊的
foot〔fʊt〕*n.* 腳　　winter〔ˋwɪntɚ〕*n.* 冬天

44.（**D**）星座是什麼？

　　(A) 古代人。　　　　　　　(B) 成群的獵人。

　　(C) 成群的狗。　　　　　　(D) 星群。

　　＊ pack〔pæk〕*n.* (狼、狗的) 一群

45.（**B**）有多少顆星星形成獵戶座的腰帶？

　　(A) 一顆。　　(B) 三顆。　　(C) 四顆。　　(D) 五顆。

46. (**C**) 哪一句是正確的？

    (A) 參宿七是紅色的星星。

    (B) 我們在冬天只能看見獵戶座。

    (C) <u>天上的星星是古代人命名的。</u>

    (D) 獵戶座是一顆星星。

    * name〔nem〕v. 命名

(47～48)

> 　　在希臘神話中，梅杜莎是個蛇髮女怪，是三姊妹之一。她天生美麗，但是女神雅典娜卻生她的氣，把她變成一個可怕的怪物。她生出翅膀，並且長出黑色舌頭，大到和她的嘴巴不成比例。她也生出長長的爪，並且頭髮都變成蛇。凡是盯著她的眼睛看的人，就會變成石頭。她最後被英雄柏修斯殺死。

【註釋】

Greek〔grik〕adj. 希臘的　　　myth〔mɪθ〕n. 神話

Medusa〔mə'djusə〕n. 梅杜莎【蛇髮女怪之一】

Gorgon〔'gɔrgən〕n. 蛇髮女怪【據説其髮爲蛇，能使見者因過度驚恐而化爲石頭的三姊妹之一；尤指被柏修斯所殺的么妹女怪梅杜莎】

be born 生而爲…的　　　goddess〔'gɑdɪs〕n. 女神

Athena〔ə'θinə〕n. 雅典娜【雅典之守護女神，司智慧、技藝、戰爭等之女神】

get angry at 對…生氣　　***turn A into B*** 把 A 變成 B

horrible〔'hɑrəbl̩〕adj. 可怕的　　monster〔'mɑnstɚ〕n. 怪物

grow〔gro〕v. 使生長　　　wing〔wɪŋ〕n. 翅膀

tongue〔tʌŋ〕n. 舌頭　　　mouth〔mauθ〕n. 嘴巴

claw〔klɔ〕n. 爪子；有爪的腳　　snake〔snek〕n. 蛇

look into 注視　　***turn into*** 變成

stone〔ston〕n. 石頭　　　finally〔'faɪnl̩ɪ〕adv. 最後

hero〔'hɪro〕n. 英雄　　Perseus〔'pɝsjus〕n. 柏修斯【宙斯（Zeus）與戴娜伊（Danae）所生之子，爲殺死蛇髮女怪梅杜莎的英雄】

47.（ **C** ）根據本文，何者正確？

　　　　(A) 梅杜莎是雅典娜創造出來的女神。

　　　　(B) 梅杜莎長出黑色翅膀和舌頭。

　　　　(C) <u>梅杜莎被英雄殺死。</u>

　　　　(D) 梅杜莎被變成石頭。

48.（ **C** ）看看這些圖片。梅杜莎可能是什麼樣子？

　　　　(A)　　　　　　(B)　　　　　　(C)　　　　　　(D)

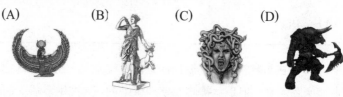

（49～50）

> 　　小黑貓住在一座溫暖的穀倉裡，她在那裏捉老鼠，並且農夫布朗會給她甜甜的牛奶。但是她並不是很快樂。
>
> 　　「我要逃跑，」她說。所以她就開始往下跑到路上，不久就遇到了小紅母雞。
>
> 　　「妳為何這麼快樂，小紅母雞？」她問。
>
> 　　「我為農夫下蛋。我很有用。那就是我快樂的原因，」小紅母雞說。
>
> 　　「我不會下蛋，」小黑貓說。「我有用嗎？」她繼續向前跑，來到一棵樹旁。
>
> 　　她說：「我不快樂。我要逃跑了。樹，你為什麼這麼快樂呢？」
>
> 　　「鳥在我的樹枝上築巢。人們在我的樹蔭下休息。我是有用的樹。那就是我快樂的原因，」樹說。
>
> 　　「我沒有樹枝，」小黑貓說。「我是有用的嗎？也許我應該回家。」

她回到了穀倉。農夫布朗正在等她。「原來妳在這裡啊，小黑貓。我很想念妳。妳幫我抓老鼠。妳是我的朋友。」

小黑貓笑了。畢竟她還是有用的。

【註釋】

warm〔wɔrm〕*adj.* 溫暖的　　barn〔bɑrn〕*n.* 穀倉

catch〔kætʃ〕*v.* 捕捉　　mice〔maɪs〕*n. pl.* 老鼠【單數是 mouse】

farmer〔'fɑrmɚ〕*n.* 農夫　　sweet〔swit〕*adj.* 甜的

milk〔mɪlk〕*n.* 牛奶　　shall〔ʃæl〕*aux.* 將；會；打算要

run away 逃跑　　***start down*** 開始走下

soon〔sun〕*adv.* 不久　　meet〔mit〕*v.* 遇見

hen〔hɛn〕*n.* 母雞　　useful〔'jusfəl〕*adj.* 有用的

along〔ə'lɔŋ〕*adv.* 向前　　build〔bɪld〕*v.* 建造

nest〔nɛst〕*n.* 巢　　branch〔bræntʃ〕*n.* 樹枝

rest〔rɛst〕*v.* 休息　　shade〔ʃed〕*n.* 樹蔭

in the shade 在樹蔭下　　maybe〔'mebi〕*adv.* 或許

wait〔wet〕*v.* 等待　　***There you are.*** 原來你在這裡。

miss〔mɪs〕*v.* 想念　　smile〔smaɪl〕*v.* 微笑　　***after all*** 畢竟

49. (**D**) 樹爲什麼快樂？

　　(A) 人們剪它的樹枝。

　　(B) 農夫布朗給它甜的牛奶。

　　(C) 它有深深的根。

　　(D) 鳥會在它的樹枝上築巢。

　　* cut〔kʌt〕*v.* 剪　　deep〔dip〕*adj.* 深的　　root〔rut〕*n.* 根

50. (**D**) 農夫布朗爲何會想念小黑貓？

　　(A) 她使他溫暖。　　　(B) 她會下蛋。

　　(C) 她喝醉了。　　　　(D) 她是他的朋友。

　　* drunk〔drʌŋk〕*adj.* 喝醉的

（51～52）

一些有關大象的事實：

1. 大象是會在陸地上行走的體型最大的動物。
2. 大象可以搬運重量高達 1,200 磅的東西。
3. 象寶寶一出生體重可能就有 200 磅重。
4. 大象可以活到 70 歲。
5. 大象用牠們的鼻子來喝水、洗澡、吃東西和溝通。
6. 大象用牠們的耳朵作為冷卻系統。
7. 對大象最大的威脅就是象牙的買賣。

【註釋】

fact〔fækt〕*n.* 事實　　elephant〔ˈɛləfənt〕*n.* 大象
carry〔ˈkærɪ〕*v.* 運送；搬運　　heavy〔ˈhɛvɪ〕*adj.* 重的
weigh〔we〕*v.* 重　　***up to*** 高達　　pound〔paʊnd〕*n.* 磅【重量單位】
birth〔bɝθ〕*n.* 出生　　***at birth*** 出生時　　trunk〔trʌŋk〕*n.* 象鼻
bathe〔beð〕*v.* 洗澡　　communicate〔kəˈmjunəˌket〕*v.* 溝通
cooling〔ˈkulɪŋ〕*adj.* 冷卻的　　system〔ˈsɪstəm〕*n.* 系統
threat〔θrɛt〕*n.* 威脅　　ivory〔ˈaɪv(ə)rɪ〕*n.* 象牙
trade〔tred〕*n.* 貿易；買賣

51.（ **D** ）大象不會使用鼻子來_____。

　　　(A) 吃東西　　　　　　(B) 洗澡
　　　(C) 溝通　　　　　　　(D) 走路

52.（ **D** ）根據本文，何者正確？

　　　(A) 象寶寶重量可以達到 1,200 磅。
　　　(B) 大象用牠們的耳朵來喝水。
　　　(C) 我們應該購買象牙來拯救大象。
　　　(D) 大象可以搬運重物。

（53～54）

兒童菜單

兒童麵食餐 $4.75
蕃茄醬、肉醬或奶油

義大利麵加肉丸 $5.75

起司通心粉 $5.25

幽浮義大利餃 $5.25
牛肉或起司

單人份披薩 $5.25
起司或起司再加一種配料

雞塊 ....…...... $5.25
搭配薯條或蔬菜

兒童飲料 $1.50

兒童冰淇淋聖代 ....…..... $2.50

【註釋】

kid〔kɪd〕*n.* 小孩　　menu〔ˈmɛnju〕*n.* 菜單
pasta〔ˈpɑstə〕*n.* 麵食【義大利麵、通心粉等總稱】
sauce〔sɔs〕*n.* 醬汁　　spaghetti〔spəˈgɛtɪ〕*n.* 義大利麵
meatball〔ˈmit‚bɔl〕*n.* 肉丸　　macaroni〔‚mækəˈronɪ〕*n.* 通心粉
ravioli〔‚rævɪˈolɪ〕*n.* 義大利餃子　　U.F.O.〔ˈjufo〕*n.* 幽浮；飛碟
beef〔bif〕*n.* 牛肉　　personal〔ˈpɝsn̩l̩〕*adj.* 個人的
pizza〔ˈpitsə〕*n.* 披薩　　plus〔plʌs〕*prep.* 加上
topping〔ˈtɑpɪŋ〕*n.* (上面的)配料　　side〔saɪd〕*n.* 配菜
fries〔fraɪz〕*n. pl.* 薯條　　veggie〔ˈvɛdʒi〕*n.* 蔬菜
drink〔drɪŋk〕*n.* 飲料　　*ice cream* 冰淇淋
sundae〔ˈsʌndɪ〕*n.* 聖代

53.（ **B** ）菜單上最貴的項目是_____。
　　　　(A) 兒童麵食餐　　　　　(B) 義大利麵加肉丸
　　　　(C) 兒童飲料　　　　　　(D) 兒童冰淇淋聖代

54.（ **A** ）如果你想要買一塊披薩、一杯飲料和一個聖代，需要多少錢？
　　　　(A) 9.25 元。　　　　　(B) 9.05 元。
　　　　(C) 7.75 元。　　　　　(D) 8.25 元。

（ 55～57 ）

有一天，大衛向他的鄰居阿里借了一個花盆。隔天，他拿去歸還，裡面還有一個小花盆。阿里說，「那不是我的。」「是的，那是，」大衛說，「你的花盆生了一個小寶寶。」

一段時間之後，大衛又再次要求阿里借他一個花盆。阿里答應了，希望會再得到另一個小花盆。然而，幾天過去了，大衛沒有歸還花盆。最後阿里失去耐心，去要求拿回他的東西。「很抱歉，」大衛說，「我無法將花盆還給你。它死掉了。」「死掉了！」阿里尖叫說，「花盆怎麼可能會死？」「嗯，」大衛說，「當我告訴你，你的花盆生了小寶寶，你也就相信我了。」

【註釋】

borrow〔'baro〕*v.* 借用　　pot〔pat〕*n.* 盆；罐；鍋
neighbor〔'nebɚ〕*n.* 鄰居　　***the next day*** 隔天
inside〔ɪn'saɪd〕*adv.* 在裡面　　***some time*** 一段時間
later〔'letɚ〕*adv.* 之後；後來　　lend〔lɛnd〕*v.* 出借
agree〔ə'gri〕*v.* 同意　　pass〔pæs〕*v.*（時間）過去
return〔rɪ'tɝn〕*v.* 歸還　　patience〔'peʃəns〕*n.* 耐心
demand〔dɪ'mænd〕*v.* 要求　　property〔'prɑpɚtɪ〕*n.* 財產；所有物
scream〔skrim〕*v.* 尖叫　　believe〔bə'liv〕*v.* 相信

55. (**B**) 在故事中，大衛借花盆借了幾次？
　　　　(A) 一次。　　　　　　　　(B) 兩次。
　　　　(C) 三次。。　　　　　　　(D) 我們不知道。

　　　　* once〔wʌns〕*adv.* 一次

56. (**C**) 爲什麼這位鄰居樂於將花盆借給大衛第二次？
　　　　(A) 他很慷慨。　　　　　　(B) 他有寶寶了。
　　　　(C) 他很貪心。　　　　　　(D) 他有很多的花盆。

　　　　* generous〔'dʒɛnərəs〕*adj.* 慷慨的
　　　　　generous〔'gridɪ〕*adj.* 貪心的

57. (**A**) 那個花盆可能怎麼了？
　　　　(A) 大衛把它留下來了。　　(B) 它死掉了。
　　　　(C) 鄰居把它賣掉了。　　　(D) 它跑掉了。

　　　　* happen〔'hæpən〕*v.* 發生　　　***run away*** 跑掉

（58～60）

　　　　　大衛想要買一個耶誕節禮物，送給一個非常特別的人，他的媽媽。大衛的爸爸每星期給他 5 元零用錢，而大衛每星期都存 2 元在他的銀行戶頭裡。三個月之後，大衛從銀行戶頭領了 20 元去購物中心。他找了又找，想找個完美的禮物。

　　　　　突然間她看到一個美麗的胸針，是他最愛的寵物的形狀。他對自己說：「我媽媽喜歡珠寶，而且這個胸針只要 17 元。」他就買了胸針帶回家。他把禮物用耶誕節包裝紙包起來，放在耶誕樹下。他很興奮，期待看到媽媽臉上高興的表情。

　　　　　但是當他媽媽打開禮物時，她害怕地尖叫起來，因爲她看到了一隻蜘蛛。

【註釋】

present（'prɛznt）*n.* 禮物（= *gift*）　　special（'spɛʃəl）*adj.* 特別的

pocket money 零用錢　　account（ə'kaʊnt）*n.* 帳戶

mall（mɔl）*n.* 購物中心　　***look for*** 尋找

perfect（'pɜfɪkt）*adj.* 完美的

suddenly（'sʌdn̩lɪ）*adv.* 突然地　　brooch（brotʃ , brutʃ）*n.* 胸針

shape（ʃep）*n.* 形狀　　favorite（'fevərɪt）*adj.* 最喜愛的

pet（pɛt）*n.* 寵物　　jewelry（'dʒuəlrɪ）*n.* 珠寶

cost（kɔst）*v.* 花費；值~（錢）　　wrap（ræp）*v.* 包裝

place（ples）*v.* 放置　　excited（ɪk'saɪtɪd）*adj.* 興奮的

look forward to + *N/V-ing* 期待~　　joy（dʒɔɪ）*n.* 喜悅；高興

scream（skrim）*v.* 尖叫　　fright（fraɪt）*n.* 驚嚇；害怕

spider（'spaɪdɚ）*n.* 蜘蛛

58. （**D**）大衛帶了多少錢去購物中心？

    (A) 2 元。   (B) 5 元。

    (C) 17 元。   (D) <u>20 元。</u>

59. （**C**）大衛把禮物帶回家時，做了什麼事情？

    (A) 他把它送給媽媽。   (B) 他把它丟掉。

    (C) <u>他把它包裝起來。</u>   (D) 他把它放在餐桌下。

    * ***throw away*** 丟掉　　***dining table*** 餐桌

60. （**C**）根據本文，何者為真？

    (A) 蜘蛛是大衛的媽媽最喜愛的寵物。

    (B) 大衛買了一隻蜘蛛來嚇他的媽媽。

    (C) <u>大衛的媽媽以為她看到一隻真正的蜘蛛。</u>

    (D) 大衛喜歡耶誕節。

    * scare（skɛr）*v.* 使害怕；驚嚇　　real（'riəl）*adj.* 真的

TEST 5 詳解

聽力測驗（第 1-20 題，共 20 題）

第一部分：辨識句意（第 1-3 題，共 3 題）

1. (**C**) (A)  (B)  (C)

They are having a great time playing together.
他們在玩樂中度過美好的時光。
* *have a great time + V-ing* 做…很愉快

2. (**A**) (A)  (B)  (C)

Tom usually goes to school early in the morning.
湯姆通常很早去上學。
* usually〔ˈjuʒʊəlɪ〕*adv.* 通常　　early〔ˈɜlɪ〕*adv.* 早地

3. (**C**) (A)  (B)  (C)

The woman is helping the man find his way to the museum.

這女士幫這男士找到去博物館的路。

* ***find one's way to*** 找到去…的路

museum〔mjuˈziəm〕*n.* 博物館

第二部分：基本問答（第 4-10 題，共 7 題）

4. (**B**) What is your favorite holiday? 你最喜愛的節日是什麼？

(A) I am going to stay home and watch TV.
我要待在家裡看電視。

(B) Chinese New Year, of course. 當然是農曆新年。

(C) Inline skating is my favorite. 單排輪式溜冰是我的最愛。

* favorite〔ˈfevərɪt〕*adj.* 最喜愛的
holiday〔ˈhɑləˌde〕*n.* 節日 ***of course*** 當然
inline skating〔ˈɪnlaɪn ˈsketɪŋ〕*n.* 單排輪式溜冰

5. (**C**) Oops! I dropped my cell phone on the floor.
哎喲！我的手機掉在地板上了。

(A) I hope you will be home soon. 希望你盡快到家。

(B) I saw Mark two years ago. 我兩年前看過馬克。

(C) Don't worry. My brother, Kevin, is good at fixing anything.
別擔心。我的兄弟凱文擅長修理任何東西。

* oops〔ups〕*interj.*【表示驚訝、驚慌】哎喲
drop〔drɑp〕*v.* 使掉落 ***cell phone*** 手機
floor〔flor〕*n.* 地板 worry〔ˈwɝɪ〕*n.* 擔心
be good at 擅長於 fix〔fɪks〕*v.* 修理

6. (**A**) I have never tried bungee jumping before.
我以前從未試過高空彈跳。

(A) Trust me. It's very exciting. You're going to love it.
相信我。這很刺激。你會愛上它。

(B) No, thanks a lot. 不，謝謝。

(C) All right. You had better see a doctor.
好吧。你最好去看醫生。

* bungee jumping (ˈbʌndʒɪ ˈdʒʌmpɪŋ) n. 高空彈跳
trust (trʌst) v. 相信
exciting (ɪkˈsaɪtɪŋ) adj. 令人興奮的；刺激的
All right. 可以；好吧。　　　***had better*** 最好
see a doctor 看醫生

7. (**C**) Hi, Hank! How are you doing? 嗨，漢克！你好嗎？

(A) I am writing a letter to my pen-pal.
我正在寫信給我的筆友。

(B) I am taking a picture of myself. 我正在自拍。

(C) I am doing well, thanks. 我很好，謝謝。

* pan-pal (ˈpɛn ˈpæl) n. 筆友　　***take a picture*** 照相
do well 過得好

8. (**A**) What is the price of these clothes? 這些衣服多少錢？

(A) They are NT\$580. 它們總共 580 元。

(B) They are very interesting. 它們非常有趣。

(C) They are for baseball. 它們是打棒球用的。

* price (praɪs) n. 價格　　clothes (kloz) n. pl. 衣服
interesting (ˈɪntrɪstɪŋ) adj. 有趣的　　baseball (ˈbes,bɔl) n. 棒球

9. (**A**) If it were not for your help, I wouldn't be who I am now.
如果不是你的幫助，我不會有今天的樣子。

(A) Don't mention it. 別客氣。

(B) You can say that again. 你說得對。

(C) Wow. That's so funny. 哇。那真好笑。

* ***if it were not for*** 如果沒有；要不是　　help (hɛlp) n. 幫助
who I am 我今天的樣子　　***Don't mention it.*** 不客氣。
You can say that again. 你說得對。
wow (waʊ) interj. 【表示驚嘆、喜悅、痛苦等】哇
funny (ˈfʌnɪ) adj. 好笑的

10. (**B**) Which one do you like, the bigger one or the smaller one?
　　 你喜歡哪一個，大的還是小的？
　　 (A) I like them all. 我全都喜歡。
　　 (B) Either will do. <u>任何一個都可以。</u>
　　 (C) The blue one, please. 藍色的，謝謝。
　　 * either (ˋiðɚ) *pron.* (兩者之中) 任何一個
　　　　 do (du) *v.* 可以；行得通

第三部分：言談理解 (第 11-20 題，共 10 題)

11. (**C**) W：Do you have any plans for this afternoon?
　　 女：今天下午你有什麼計畫嗎？
　　 M：Well, honestly, I have an appointment with the dentist.
　　 男：嗯，老實說，我和牙醫有約。
　　 W：That's too bad because we are going to have
　　　　 afternoon tea.
　　 女：那真是太可惜了，因為我們要去喝下午茶。
　　 Question：What is the man going to do?
　　　　　　　 這位男士要做什麼？
　　 (A) He is going shopping. 他要去購物。
　　 (B) He is surfing the Net. 他正在上網。
　　 (C) He is going to see a doctor. <u>他要去看醫生。</u>
　　 * plan (plæn) *n.* 計畫；打算
　　　 well (wɛl) *interj.* 【表示遲疑】嗯
　　　 honestly (ˋɑnɪstlɪ) *adv.* 老實說
　　　 appointment (əˋpɔɪntmənt) *n.* 約診
　　　 dentist (ˋdɛntɪst) *n.* 牙醫　　 ***That's too bad.*** 真可惜。
　　　 afternoon tea 下午茶　　 ***go shopping*** 去購物
　　　 surf (sɝf) *v.* 瀏覽　　 Net (nɛt) *n.* 網路

12. (**C**) W：Hello! May I help you?
　　 女：哈囉！需要幫忙嗎？

M : Yes.　This is Mark from Hong Kong.　May I speak to
　　 Mr. Jobs?

男：是的。我是香港的馬克。我可以和賈柏斯先生講電話嗎？

W : Mr. Jobs is not in his office right now.　May I take a
　　 message?

女：賈柏斯先生現在不在他的辦公室。你要留話嗎？

M : Well, then just tell him I will call him back later.

男：嗯，那麼只要告訴他，我晚點回電給他。

Question : What does the man want?　這位男士要做什麼？

(A) He wants to have a date with the woman.
　　 他要和這位女士約會。

(B) He wants to ask for Mark.　他想要找馬克。

(C) He wants to talk to Mr. Jobs.
　　 他想要和賈柏斯先生說話。

* *This is* …　【用於講電話】我是…　　*Hong Kong* 香港
　 office〔'ɔfɪs〕*n.* 辦公室　　*right now* 現在
　 message〔'mɛsɪdʒ〕*n.* 訊息；留言
　 take a message 留言；替來電者留言　　*call back* 回電
　 date〔det〕*n.* 約會　　*ask for sb.* 找某人

13. (**C**) W : Guess what?　My friends and I are planning a New
　　　　　　　　 Year's Eve party.

女：你猜怎麼了？我的朋友和我計畫辦一個除夕夜派對。

M : Really?　What are you going to do at the party?

男：真的嗎？你要在派對上做什麼？

W : We'll play games till midnight and go to the roof to
　　 watch fireworks.

女：我們將玩遊戲到午夜，再去屋頂看煙火。

M : It sounds like you're going to have a lot of fun.

男：聽起來你們會玩得很愉快。

W : You bet.

女：當然。

Question： Why are the woman and her friends having a party? 為什麼這女士和她的朋友要辦派對呢？

(A) To celebrate her birthday. 為了慶祝她的生日。

(B) To celebrate their wedding anniversary.
為了慶祝他們的結婚紀念日。

(C) To celebrate New Year. 為了慶祝新年。

* **Guess what?** 你猜怎麼了？　　plan〔plæn〕v. 計畫；打算
eve〔iv〕n. 前夕　**New Year's Eve** 除夕夜
party〔'partɪ〕n. 派對　　till〔tɪl〕prep. 直到
midnight〔'mɪd,naɪt〕n. 午夜　　roof〔ruf〕n. 屋頂
fireworks〔'faɪr,wɝks〕n. pl. 煙火　　**It sounds like** 聽起來
have fun 玩得愉快　　**You bet!** 當然！
celebrate〔'sɛlə,bret〕v. 慶祝
wedding〔'wɛdɪŋ〕n. 婚禮
anniversary〔,ænə'vɝsərɪ〕n. 週年紀念

14. (**A**) W： David, hand in your homework now.
女： 大衛，現在就交你的家庭作業。
M： I don't have it with me.
男： 不在我這。
W： Why not?
女： 為什麼不？
M： Well, my dog ate it yesterday.
男： 嗯，我的狗昨天把它吃掉了。
Question： What did the boy do? 這男孩做了什麼？

(A) He made an excuse. 他捏造了一個藉口。

(B) He gave an apology. 他道歉。

(C) He fed his dog yesterday. 他昨天餵他的狗。

* **had in** 繳交　　homework〔'hom,wɝk〕n. 家庭作業
excuse〔ɪks'kjus〕n. 藉口　　apology〔ə'palədʒɪ〕n. 道歉
fed〔fɛd〕v. 餵【feed 的過去式和過去分詞】

15. (**A**) W : Teddy, you look so tired. Are you all right?

女：泰德，你看起來很累。你還好嗎？

M : Well, I didn't sleep well last night.

男：嗯，我昨晚沒睡好。

W : Why? Is there something wrong?

女：為什麼？有什麼問題嗎？

M : My son had an accident and he broke his leg. I spent the whole night taking care of him in the hospital.

男：我的兒子發生意外並斷了一條腿。我整晚的時間都在醫院照顧他。

Question : What would the woman say to the man?

這位女士會對這位男士說什麼？

(A) Take a good rest. 好好休息。

(B) Let's have a big meal with her. 讓我們和她去吃大餐。

(C) Be careful when driving. 開車小心。

* look〔luk〕*v.* 看起來　　tired〔taɪrd〕*adj.* 累的

all right（健康）良好的

Is there something wrong? 有什麼問題嗎？

accident〔'æksədənt〕*n.* 意外；事故

broke〔brok〕*v.* 弄斷【break 的過去式】

whole〔hol〕*adj.* 整個的　　***take care of*** 照顧

hospital〔'hɑspɪtl〕*n.* 醫院　　have〔hæv〕*v.* 吃

meal〔mil〕*n.* 一餐　　***take a rest*** 休息一下

careful〔'kɛrfəl〕*adj.* 小心的　　drive〔draɪv〕*v.* 開車

16. (**B**) W : Hi, Jonny! Long time no see.

女：嗨，強尼！好久不見。

M : Nancy! Is that really you?

男：南茜！真的是妳嗎？

W : Yeah, I just moved back to Taiwan.

女：是的，我剛搬回臺灣。

M：Look at you! You've changed a lot and you're taller and prettier. I can hardly recognize you.

男：看看妳！妳改變好多喔，妳長高了，也變得更漂亮了。我幾乎認不出妳來。

Question：How would the woman feel? 這女士會有什麼感覺？

(A) Bored. 厭煩的。

(B) Excited. 興奮的。

(C) Frightened. 害怕的。

* ***Long time no see***. 好久不見。　　move〔muv〕v. 搬家
change〔tʃendʒ〕v. 改變　　***a lot*** 很多
pretty〔'prɪtɪ〕adj. 漂亮的　　hardly〔'hardlɪ〕adv. 幾乎不
recognize〔'rɛkəgˌnaɪz〕v. 認出　　bored〔bord〕adj. 厭煩的
excited〔ɪk'saɪtɪd〕adj. 興奮的
frightened〔'fraɪtn̩d〕adj. 害怕的

17. (**B**)　M：I heard that there is an exhibition of Chinese calligraphy at the National Palace Museum.

男：我聽說在故宮有一個中國書法展。

W：Really? I love Chinese calligraphy. It is so beautiful.

女：真的嗎？我喜歡中國書法。它很美麗。

M：I happen to have two tickets to it. We can go together.

男：我碰巧有兩張票，我們可以一起去。

W：Great! I can't wait.

女：太棒了！我等不及了。

Question：What is the man doing? 這位男士在做什麼？

(A) Asking the woman to marry him.

　　請求這女士和他結婚。

(B) Inviting the woman to go to the museum with him.

　　邀請這女士和他去博物館。

(C) Advising the woman to learn Chinese calligraphy.
建議這位女士學習中國書法。

* exhibition〔,ɛksə'bɪʃən〕*n.* 展覽
calligraphy〔kə'lɪgrəfɪ〕*n.* 書法
National Palace Museum 國立故宮博物院
happen to V. 碰巧～　　ticket〔'tɪkɪt〕*n.* 票；入場券＜*to*＞
can't wait 等不及　　ask〔æsk〕*v.* 要求
marry〔'mærɪ〕*v.* 和～結婚　　invite〔ɪn'vaɪt〕*v.* 邀請
museum〔mju'ziəm〕*n.* 博物館　　advise〔əd'vaɪz〕*v.* 建議

18. (**A**)　W : Time to get up, Tom, or you will be late for school.
女：該起床了，湯姆，否則你上學會遲到。

M : Mom, I don't feel well today.
男：媽，我今天覺得不舒服。

W : What's the matter? Are you okay?
女：怎麼了？你還好嗎？

M : I feel like I'm burning up, and I have a sore throat.
男：我覺得我好像發燒了，而且我喉嚨好痛。

W : Let me feel your forehead. Oh, it's really hot.
女：讓我摸摸你的額頭。噢，好燙。

Question : What do you think of the boy?
你認為這男孩怎麼了？

(A) The boy must be sick. <u>這男孩一定是生病了。</u>

(B) The boy must be kidding. 這男孩一定是在開玩笑。

(C) The boy must be too lazy to go to school.
這男孩一定是太懶而不曾去上學。

* ***Time to V.*** 該是…的時候了（ = *It's time to V.* ）
be late for …遲到　　well〔wɛl〕*adj.* 健康的
What's the matter? 怎麼了？　　***burn up*** 發燒
sore〔sor〕*adj.* 疼痛的　　throat〔θrot〕*n.* 喉嚨

sore throat 喉嚨痛　　feel〔fil〕*v.* 摸看看
forehead〔'fɔr,hɛd〕*n.* 額頭　　*think of* 認為
kid〔kɪd〕*v.* 開玩笑　　lazy〔'lezɪ〕*adj.* 懶惰的
too…to~ 太…以致於不~

19. (**B**)　W : Where are you going, honey?
　　　　女：親愛的，你要去哪裡？
　　　　M : I am going to pick up my boss at the airport at ten.
　　　　男：我十點要到機場接老闆。
　　　　W : Could you give me a ride and drop me off at the supermarket?
　　　　女：你可以讓我搭便車並在超市放我下來嗎？
　　　　M : No problem!
　　　　男：沒問題！

　　　　Question : What does the woman probably want to do?
　　　　　　　　　這位女士可能要做什麼？
　　　　(A) To pick up her boss. 接她的老闆。
　　　　(B) To do some grocery shopping. 去買些雜貨。
　　　　(C) To go abroad. 出國。

　　　* honey〔'hʌnɪ〕*n.*【暱稱】親愛的　　*pick up* 接（某人）
　　　　boss〔bɔs〕*n.* 老闆　　airport〔'ɛr,port〕*n.* 機場
　　　　ride〔raɪd〕*n.* 搭乘　　*give sb. a ride* 載某人一程
　　　　drop off 讓（某人）下車
　　　　supermarket〔'supɚ,markɪt〕*n.* 超市
　　　　probably〔'prabəblɪ〕*adj.* 可能；或許
　　　　do some shopping 買些東西　　grocery〔'grosərɪ〕*n.* 食品雜貨
　　　　abroad〔ə'brɔd〕*adv.* 到國外　　*go abraod* 出國

20. (**A**)　M : May I take your order now?
　　　　男：可以幫您點餐了嗎？
　　　　W : Yes, I think I'll have a steak and an onion soup.
　　　　女：是的，我想要吃牛排和洋蔥湯。

M : Anything else?

男：還要其他的嗎？

W : No, thanks.

女：不，謝謝。

Question : Where are the speakers? 說話者在哪裡？

(A) They are at a restaurant. 他們在餐廳。

(B) They are at a library. 他們在圖書館。

(C) They are at a hospital. 他們在醫院。

* order〔ˈɔrdɚ〕 *n.* 點餐　　***take one's order*** 幫某人點餐

steak〔stek〕 *n.* 牛排　　onion〔ˈʌnjən〕 *n.* 洋蔥

soup〔sup〕 *n.* 湯　　restaurant〔ˈrɛstərənt〕 *n.* 餐廳

library〔ˈlaɪˌbrɛrɪ〕 *n.* 圖書館

閱讀測驗（第 21-60 題，共 40 題）

第一部分：單題（第 21-35 題，共 15 題）

21. (**B**) 這位好作家有豐富的想像力，而且他總是可以想出很棒的新點子。

(A) opinion〔əˈpɪnjən〕 *n.* 意見

(B) ***imagination***〔ɪˌmædʒəˈneʃən〕 *n.* 想像力

(C) knowledge〔ˈnɑlɪdʒ〕 *n.* 知識

(D) information〔ˌɪnfɚˈmeʃən〕 *n.* 資訊

* writer〔ˈraɪtɚ〕 *n.* 作家　　***come up with*** 想出

fantastic〔fænˈtæstɪk〕 *adj.* 很棒的

idea〔aɪˈdiə〕 *n.* 點子；想法　　***all the time*** 總是

22. (**D**) 為了促進這國家的觀光業，政府採取行動清理街道，並建造更好的旅館。

(A) scene〔sin〕 *n.* 景色

(B) destination〔ˌdɛstəˈneʃən〕 *n.* 目的地

(C) tradition〔trə'dɪʃən〕n. 傳統

(D) **tourism**〔'tʊrɪzəm〕n. 觀光業

* boost〔bust〕v. 提升；促進　　country〔'kʌntrɪ〕n. 國家
government〔'gʌvənmənt〕n. 政府
take action 採取行動　　**clean up** 打掃乾淨
street〔strit〕n. 街道　　build〔bɪld〕v. 建造
hotel〔ho'tɛl〕n. 飯店；旅館

23. (**A**) 你<u>滿意</u>你的晚餐嗎？還是你想要吃其他的東西？

(A) **satisfied**〔'sætɪs,faɪd〕adj. 滿意的< *with* >

(B) surprised〔sə'praɪzd〕adj. 驚訝的< *at/by* >

(C) excited〔ɪk'saɪtɪd〕adj. 興奮的< *at/about/by* >

(D) amazed〔ə'mezd〕adj. 驚訝的< *at* >

24. (**C**) 這個洞穴是海盜過去保存他們的黃金和珠寶等<u>寶藏</u>的地方。

(A) dream〔drim〕n. 夢

(B) memory〔'mɛmərɪ〕n. 記憶

(C) **treasure**〔'trɛʒə〕n. 寶藏

(D) passport〔'pæs,port〕n. 護照

* cave〔kev〕n. 洞穴　　pirate〔'paɪrət〕n. 海盜
used to V. 以前～　　keep〔kip〕v. 保存
gold〔gold〕n. 黃金　　jewel〔'dʒuəl〕n. 珠寶

25. (**A**) 沒人想要在<u>寒冷的</u>河裡游泳，真的太冷了，無法跳進去。

(A) **freezing**〔'frizɪŋ〕adj. 寒冷的

(B) frozen〔'frozn̩〕adj. 結冰的

(C) sensible〔'sɛnsəbl̩〕adj. 明智的

(D) wrapped〔ræpt〕adj. 包裝的

* swim〔swɪm〕v. 游泳　　river〔'rɪvə〕n. 河流
too～to V. 太～以致於不　　cold〔kold〕adj. 寒冷的

26. (**B**) 我的祖母是個好<u>廚師</u>。她會做很多美味的食物。

(A) player〔'pleə〕n. 選手

(B) *cook* ﹝ kʊk ﹞ *n.* 廚師

(C) musician ﹝ mju'zɪʃən ﹞ *n.* 音樂家

(D) cooker ﹝'kʊkə ﹞ *n.* 炊具；鍋子

* grandmother ﹝'grænd,mʌðə ﹞ *n.* 祖母
  be able to V. 能夠~　　*a lot of* 很多
  delicious ﹝ dɪ'lɪʃəs ﹞ *adj.* 好吃的；美味的

27. (**A**) 我很<u>好奇</u>海地的巫術，想要多了解一點。

(A) *curious* ﹝'kjʊrɪəs ﹞ *adj.* 好奇的 < *about* >

(B) interested ﹝'ɪntrɪstɪd ﹞ *adj.* 對…感興趣的 < *in* >

(C) obvious ﹝'ɑbvɪəs ﹞ *adj.* 明顯的

(D) impulsive ﹝ ɪm'pʌlsɪv ﹞ *adj.* 衝動的

* witchcraft ﹝'wɪtʃ,kræft ﹞ *n.* 巫術
  Haiti ﹝'hetɪ ﹞ *n.* 海地【位於中南美洲】
  learn ﹝ lɜn ﹞ *v.* 知道

28. (**B**) 空服員必須<u>負責</u>帶人們去他們的位子。

(A) loyal ﹝'lɔɪəl ﹞ *adj.* 忠心的 < *to* >

(B) *responsible* ﹝ rɪ'spɑnsəbḷ ﹞ *adj.* 應負責任的 < *for* >

(C) charged ﹝ tʃɑrdʒd ﹞ *adj.* 被控告…的 < *with* >

(D) energetic ﹝,ɛnə'dʒɛtɪk ﹞ *adj.* 精力充沛的

* flight ﹝ flaɪt ﹞ *n.* 班機　　attendant ﹝ ə'tɛndənt ﹞ *n.* 服務員
  flight attendant 空服員　　seat ﹝ sit ﹞ *n.* 座位

29. (**D**) 流鼻水可能是你感冒的<u>徵兆</u>。

(A) relation ﹝ rɪ'leʃən ﹞ *n.* 關連

(B) relationship ﹝ rɪ'leʃən,ʃɪp ﹞ *n.* 關係

(C) guarantee ﹝,gærən'ti ﹞ *n.* 保證

(D) *sign* ﹝ saɪn ﹞ *n.* 徵兆

* runny ﹝'rʌnɪ ﹞ *adj.* 分泌液體的　　*a runny nose* 流鼻水
  catch a cold 感冒

30. (**C**) 莫妮卡穿得<u>很美</u>，因為她今晚要參加派對。

空格應填副詞，修飾動詞 is dressed，故選 (C) *beautifully*。

* dress〔drɛs〕*v.* 給…穿衣服　　*be dressed (in)* 穿…
party〔'partɪ〕*n.* 派對

31. (**C**) 前幾天，有個小偷<u>闖進</u>我們家，並偷走許多貴重物品。

(A) break up 分手　　　　　　(B) break off 中斷
(C) *break into* 闖進　　　　　(D) break out 爆發

* thief〔θif〕*n.* 小偷　　　stole〔stol〕*v.* 偷【steal 的過去式】
lots of 許多　　valuable〔'væljəbḷ〕*adj.* 珍貴的
the other day 前幾天

32. (**A**) 我們需要多運動。<u>舉例來說</u>，我們可以每天去慢跑。

(A) *for instance* 例如；舉例來說 (= *for example*)
(B) on the other hand 另一方面
(C) however〔hau'ɛvɚ〕*adv.* 然而
(D) also〔'ɔlso〕*adv.* 也；同樣地

* exercise〔'ɛksɚˏsaɪz〕*n.* 運動　　jog〔dʒɑg〕*v.* 慢跑
go jogging 去慢跑

33. (**C**) 學生在課堂上必須注意聽老師上課，否則他們最後會什麼也學不到。

pay attention to 注意

* attention〔ə'tɛnʃən〕*n.* 注意（力）　　*in class* 上課中
otherwise〔'ʌðɚˏwaɪz〕*adv.* 否則　　*at last* 最後

34. (**A**) 我的一些同事要去日本渡假，而<u>有些</u>今年冬天要去英國。

some…others… 有些…有些…

(A) *others*。

* colleague〔'kɑlig〕*n.* 同事 (= *co-worker*)
vacation〔və'keʃən〕*n.* 假期　　Japan〔dʒə'pæn〕*n.* 日本
the U.K. 英國 (= *the United Kingdom*)

35. (**B**) 以下是你必須牢記在心的事情。別忘了。

本題考 The following is/are「以下是…」，動詞的單複數須視
後面的名詞而定，因爲是 the things，故選 (B) *are*。

* *keep…in mind* 把…牢記在心　　forget〔fɚ'gɛt〕*v.* 忘記

第二部分：題組（第 36-60 題，共 25 題）

（36～40）

泰德：你最喜歡的娛樂是什麼？

山姆：我喜歡籃球，<u>你呢</u>？
　　　　　　　　36

泰德：我喜歡打高爾夫球，我都在週日打。

山姆：我每週日通常和隊友一起打籃球。

泰德：或許你這週日可以和我去打高爾夫球，我可以教你<u>如何</u>
　　　變得和老虎伍茲一樣厲害。　　　　　　　　　37

山姆：你在開玩笑嗎？老虎伍茲？但我寧可變成林書豪，你知
　　　道的，「林來瘋」很酷！

泰德：的確！那是<u>千眞萬確</u>的。他眞的是個了不起的人，而
　　　　　　　　38

　　　且<u>受</u>到全世界的歡迎，<u>不是嗎</u>？
　　　　39　　　　　　　　　　40

【註釋】

favorite〔'fevərɪt〕*adj.* 最喜愛的　　recreation〔ˌrɛkrɪ'eʃən〕*n.* 娛樂

basketball〔'bæskɪtˌbɔl〕*n.* 籃球　　golf〔gɔlf〕*n.* 高爾夫球

teammate〔'timˌmet〕*n.* 隊友　　maybe〔'mebɪ〕*adv.* 或許；可能

join〔dʒɔɪn〕*v.* 和…一起做

Tiger Woods 老虎伍茲【知名高爾夫球選手】

kid〔kɪd〕*v.* 開玩笑　　***would rather V*** . 寧願

Jeremy Lin 林書豪【知名華裔籃球選手】
Linsanity 林來瘋【由 Lin 和 insanity〔ɪnˈsænətɪ〕*n.* 瘋狂，組合而成】
cool〔kul〕*adj.* 很酷的   something〔ˈsʌmθɪŋ〕*n.* 了不起的人或物
quite〔kwaɪt〕*adv.* 相當   popular〔ˈpɑpjələ〕*adj.* 受歡迎的
globe〔glob〕*n.* 地球
around the globe 全球；全世界（= *around the world*）

36.（**B**）*How about you?* 那你呢？

37.（**B**）根據句意，「如何成為像老虎伍茲那樣的人」，故選 (B) *how*。

38.（**D**）*for sure* 無疑的；的確

39.（**A**）*be popular with sb.*「受某人歡迎」，故選 (A) *with*。

40.（**B**）本題考「附加問句」，主要子句是 He *is* really…，附加問句須
       把肯定改成否定，故選 (B) *isn't*。

（41～45）

你長大之後想要成為什麼？嗯，很多青少年想要當警察，因為
制服很酷。然而，當警官並不容易，而且可能很危險。第一，
為了要<u>確保</u>人民安全，他們晚上必須工作，或者甚至是<u>在假日</u>
　　　41　　　　　　　　　　　　　　　　　　　　　　42
的時候。第二，如果他們遇到小偷或是搶匪，他們可能會<u>受傷</u>，
　　　　　　　　　　　　　　　　　　　　　　43
為那些壞人可能會帶某種武器。換言之，警察可能要犧牲他們
的時間，必要時，甚至是生命，來<u>完成</u>工作。因此，人們在決
　　　　　　　　　　　　　　　　44
定<u>是否</u>要成為警官之前，必須三思。
　45

【註釋】

grow up 長大　　teenager〔'tin,edʒɚ〕*n.* 青少年
police officer 警官　　uniform〔'junə,fɔrm〕*n.* 制服
policeman〔pə'lismən〕*n.* 警察　　easy〔'izɪ〕*adj.* 容易的
dangerous〔'dendʒərəs〕*v.* 危險的　　*in order to V.* 為了
safe〔sef〕*adj.* 安全的　　holiday〔'halə,de〕*n.* 假日
meet〔mit〕*v.* 遇到　　thief〔θif〕*n.* 小偷【複數形為 thieves】
robber〔'rabɚ〕*n.* 搶匪　　*bad guy* 壞人
some〔sʌm〕*adj.* 某個　　kind〔kaɪnd〕*n.* 種類
weapon〔'wɛpən〕*n.* 武器　　*in other words* 換句話說
the police 警察；警方　　sacrifice〔'sækrə,faɪz〕*v.* 犧牲
if necessary 如果必要的話　　job〔dʒab〕*n.* 工作
therefore〔'ðɛr,for〕*adv.* 因此　　*think twice* 三思而行
decide〔dɪ'saɪd〕*v.* 決定

41.(**A**)　(A) *make sure* 確定　　(B) break into 闖入
　　　　　　(C) start up 開始；著手　　(D) end up 最後…

42.(**B**)　「日子」前面使用 on，選 (B) *on*。　*on holidays* 在假日

43.(**C**)　根據句意，選 (C) *get hurt*「受傷」。而 (A) hurt〔hɜt〕*v.* 傷害，
　　　　　　(B) have hurt「已經傷害」，不合句意，又前有助動詞 may，
　　　　　　須接原形動詞，故 (D) hurting 用法與句意均不合。

44.(**D**)　get *sth.* + p.p.「使某事被～」，故選 (D) *done*。

45.(**C**)　根據句意，選 (C) *whether…or not*「是否」。

(46~48)

傑瑞這個週末有很多英文作業要做。他問媽媽他是否可以用電
腦在網路上找一些資料。瀏覽網路比去圖書館方便多了。他很
快就找到很多有趣的資料，最後也很順利地做完功課。

【註釋】

> *a lot of* 很多　　homework〔'hom,wɜk〕 *n.* 家庭作業
> weekend〔'wik'ɛnd〕 *n.* 週末　　ask〔æsk〕 *v.* 問
> use〔juz〕 *v.* 使用　　computer〔kəm'pjutə〕 *n.* 電腦
> find〔faɪnd〕 *v.* 找　　information〔,ɪnfə'meʃən〕 *n.* 資料
> *on the Internet* 在網路上　　much〔mʌtʃ〕 *adv.*（修飾比較級）非常
> convenient〔kən'vinjənt〕 *adj.* 方便的
> surf〔sɜf〕 *v.* 瀏覽　　Net〔nɛt〕 *n.* 網路
> library〔'laɪ,brɛrɪ〕 *n.* 圖書館　　*find out* 找到；發現
> *lots of* 很多　　interesting〔'ɪntrɪstɪŋ〕 *adj.* 有趣的
> quickly〔'kwɪklɪ〕 *adv.* 很快地　　finish〔'fɪnɪʃ〕 *v.* 完成
> smoothly〔'smuðlɪ〕 *adv.* 順利地　　*in the end* 最後

46.（**A**）傑瑞的工作是什麼？

> (A) 學生。　　　　　　　(B) 家庭主婦。
> (C) 電腦。　　　　　　　(D) 電腦程式設計師。
> * housekeeper〔'haʊs,kipə〕 *n.* 女管家；家庭主婦
> 　　programmer〔'progræmə〕 *n.* 程式設計師

47.（**C**）傑瑞想要做什麼？

> (A) 他想要在網路上交朋友。
> (B) 他想要玩一些線上遊戲。
> (C) 他想要為他的功課找一些資料。
> (D) 他想要去圖書館。
> * *make friends* 交朋友
> 　online〔,ɑn'laɪn〕 *adv.* 在網路 *adj.* 線上的

48.（**C**）哪一個「不是」用電腦找資料的優點？

> (A) 替人們節省很多時間。　　(B) 網路上有很多資料。
> (C) 人們需要去圖書館使用電腦。
> (D) 對現代人來說很方便。
> * save〔sev〕 *v.* 節省　　modern〔'mɑdən〕 *adj.* 現代的

（49～51）

看圖表回答問題：

在找租車服務嗎？

不限哩數
英語服務和契約
接受所有各大信用卡
長期租用享五折優惠
02-2828-0000（台北）
04-2707-0000（台中）
07-789-6666（高雄）
http://www.rentacar.com

【註釋】

look for 尋找　　car〔kɑr〕n. 汽車　　hire〔haɪr〕n. 租用
service〔ˋsɝvɪs〕n. 服務　　unlimited〔ʌnˋlɪmɪtɪd〕adj. 無限的
mileage〔ˋmaɪlɪdʒ〕n. 哩數　　contract〔ˋkɑntrækt〕n. 契約
major〔ˋmedʒɚ〕adj. 主要的　　**credit card** 信用卡
accept〔əkˋsɛpt〕v. 接受　　**50% off** 五折
long term 長期的（= long-term）
rental〔ˋrɛntḷ〕n. 租用 adj. 租用的

49. (**A**) 這個訊息是關於什麼？

(A) 這是一則租車公司的廣告。
(B) 這是愛車人士寫的一封信。
(C) 有人在找他的車。　　(D) 這是一則旅遊廣告。

* message〔ˋmɛsɪdʒ〕n. 訊息
advertisement〔͵ædvɚˋtaɪzmənt〕n. 廣告（= ad）
company〔ˋkʌmpənɪ〕n. 公司　　letter〔ˋlɛtɚ〕n. 信
lover〔ˋlʌvɚ〕n. 愛好者　　tour〔tʊr〕n. 旅遊

50. (**C**) 這公司不接受哪一種卡？

   (A) VISA 信用卡。   (B) Master 信用卡。

   (C) <u>KTV 卡。</u>   (D) 美國運通卡。

51. (**D**) 租一天車要台幣一千元。如果有人要租一個月的車，他一定會
   有些折扣。你覺得他需要付多少租金？

   (A) 台幣三萬元。   (B) 台幣兩萬八千元。

   (C) 台幣一萬八千元。   (D) <u>台幣一萬五千元。</u>

   * rent〔rɛnt〕v. 租　　cost〔kɔst〕v. 花費

   month〔mʌnθ〕n. 月　　***be sure to V.*** 一定~

   discount〔'dɪskaʊnt〕n. 折扣

(52 ~ 54)

> 亨　利：如果你贏了樂透彩，你會怎麼做，艾瑞克？你要繼續
>   工作嗎？
> 艾瑞克：嗯，我想我會。
>
> 亨　利：但是爲什麼？如果你有很多錢，爲何要工作？
> 艾瑞克：嗯，我認爲錢不是工作的唯一理由，你知道的。
>
> 亨　利：不是嗎？那給我另一個理由。
> 艾瑞克：嗯，我覺得是我可以從工作中獲得成就感。每次我完
>   成一份工作，我會覺得很滿足。我相信這證明我的自
>   我價值和自尊。
>
> 亨　利：是的，我想你說得對。那也是爲何我們會覺得自己的
>   生命是有意義的，不是嗎？
> 艾瑞克：當然！

【註釋】

lottery〔'lɑtərɪ〕n. 樂透彩　　prize〔praɪz〕n. 獎；獎金

continue〔kən'tɪnju〕v. 繼續　　work〔wɝk〕v. 工作

plenty of 很多　　reason〔'rizn̩〕n. 原因；理由

sense〔sɛns〕n. 感覺　　achievement〔ə'tʃivmənt〕n. 成就

sense of achievement 成就感　　*every time* 每次
finish〔'fɪnɪʃ〕*v.* 完成　　job〔dʒab〕*n.* 工作
satisfied〔'sætɪs,faɪd〕*adj.* 滿足的　　believe〔bə'liv〕*v.* 相信
proof〔pruf〕*n.* 證明；證據　　self-worth〔'sɛlf'wɝθ〕*n.* 自我價值
self-esteem〔,sɛlfəs'tim〕*n.* 自尊　　find〔faɪnd〕*v.* 覺得
meaningful〔'minɪŋfəl〕*adj.* 有意義的　　*You bet.* 當然；你說得對。

52. (**D**) 亨利和艾瑞克在討論什麼？
　　　(A) 他們在討論他們的錢。　　(B) 他們在討論他們的工作。
　　　(C) 他們在討論他們的生意。
　　　(D) <u>他們在討論他們對工作的想法。</u>
　　　* business〔'bɪznɪs〕*n.* 生意　　idea〔aɪ'diə〕*n.* 想法

53. (**C**) 艾瑞克覺得工作的意義是什麼？
　　　(A) 就像贏了樂透彩。　　(B) 是一個賺很多錢的方法。
　　　(C) <u>能讓一個人的生命更有意義。</u>
　　　(D) 幫他交到像亨利這樣的朋友。
　　　* meaning〔'minɪŋ〕*n.* 意義　　earn〔ɝn〕*v.* 賺（錢）
　　　help〔hɛlp〕*v.* 幫助　　*make friends* 交朋友

54. (**B**) 亨利對艾瑞克的意見有什麼反應？
　　　(A) 他不同意。　　(B) <u>他同意。</u>
　　　(C) 他想要和他打賭。　　(D) 他需要更多證據。
　　　* disagree〔,dɪsə'gri〕*v.* 不同意　　agree〔,dɪsə'gri〕*v.* 同意
　　　bet〔bɛt〕*v.* 和（某人）打賭

（55～56）

以下的派型圖是關於台灣的青少年吃泡麵的頻率。請仔細看這張圖，並回答下列的問題。

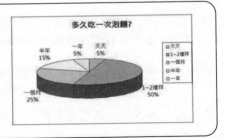

【註釋】

following〔'faloŋ〕*adj.* 以下的　　chart〔tʃart〕*n.* 圖表

pie chart 派型圖　　***how often*** 多久一次

teenager〔'tin,edʒɚ〕*n.* 青少年　　instant〔'ɪnstənt〕*n.* 即時的；立即的

noodles〔'nudlz〕*n. pl.* 麵條　　***instant noodles*** 速食麵

close〔klos〕*adj.* 仔細的　　***take a close look at*** 仔細看

55.（**A**）台灣大多的青少年多常吃一次泡麵？

　　(A) 一週到兩週一次。　　(B) 一個月一次。

　　(C) 半年一次。　　(D) 每天。

56.（**D**）從這一個派型圖，我們可以推論出＿＿＿＿＿＿＿＿

　　(A) 泡麵很好吃。　　(B) 泡麵很便宜。

　　(C) 泡麵很方便。　　(D) 泡麵很受青少年歡迎。

　　* cheap〔tʃip〕*adj.* 便宜的　　popular〔'pɑpjələ〕*adj.* 受歡迎的

　　be popular among 受…歡迎（ = *be popular with*）

（57～59）

德瑞克：蘿絲！妳到底在做什麼？

蘿　絲：你看不到嗎？我正試著要打開這鳳梨罐頭。

德瑞克：妳不該用刀子開罐頭。如果妳不注意，妳會被刀子割到
　　　　自己。

蘿　絲：唉喲！可惡！

德瑞克：妳看吧！我跟妳說了。妳剛應該要聽我的話。妳何不用
　　　　開罐器？

蘿　絲：因為我找不到開罐器。現在你看看我做的好事。到處都
　　　　是血。我把鳳梨毀了。恐怕我們今晚沒辦法吃鳳梨了。

德瑞克：讓我看看妳的手。妳很幸運。只是小割傷。妳只需要清
　　　　理傷口，塗一些藥膏，和貼上 OK 繃。

蘿　絲：謝謝你，德瑞克。我下次會更小心。

【註釋】

on earth 究竟；到底　　can〔kæn〕*n.* 罐子
pineapple〔'paɪn,æpḷ〕*n.* 鳳梨　　use〔juz〕*v.* 使用
knife〔naɪf〕*n.* 刀子　　careless〔'kɛrlɪs〕*adj.* 不小心的
cut〔kʌt〕*v.* 切；割　*n.* 傷口
ouch〔autʃ〕*interj.*【表示突然的疼痛】唉喲
darn〔dɑrn〕*interj.* 可惡；該死　***should have + p.p.*** 當時應該～
can opener 開罐器　　blood〔blʌd〕*n.* 血
ruin〔'ruɪn〕*v.* 破壞；毀掉　　afraid〔ə'fred〕*adj.* 擔心的；恐怕…的
have〔hæv〕*v.* 吃　　lucky〔'lʌkɪ〕*adj.* 幸運的
all one needs to do is (to) V. 某人需要做的就是～
clean〔klin〕*v.* 清理　　wound〔wund〕*n.* 傷口
ointment〔'ɔɪntmənt〕*n.* 藥膏
band-aid〔'bænd,ed〕*adj.* 急救膠布；OK繃
careful〔'kɛrfəl〕*adj.* 小心的　　***next time*** 下一次

57. (**B**) 誰受傷了？
   (A) 德瑞克。   (B) 蘿絲。
   (C) 兩人都受傷。   (D) 兩人都沒受傷。

58. (**D**) 根據本文，應該要用什麼開罐頭？
   (A) 刀子。   (B) 叉子。
   (C) 筷子。   (D) 開罐器。
   * fork〔fɔrk〕*n.* 叉子　　chopsticks〔'tʃɑp,stɪks〕*n. pl.* 筷子

59. (**A**) 你覺得他們會怎麼處理那個鳳梨罐頭？
   (A) 他們可能會把它丟掉。
   (B) 他們可能會把血洗掉，然後吃鳳梨。
   (C) 他們可能會把它送給別人。
   (D) 它們可能會把它埋起來。
   * ***do with*** 處理　　***throw away*** 丟掉
   wash away 沖掉；洗掉
   send〔sɛnd〕*v.* 送　　bury〔'bɛrɪ〕*v.* 埋

(60)

> （一位老太太因爲開車太快，警官叫她靠邊停車。）
>
> 警　官：妳超速了。
> 老太太：不，我沒有。
>
> 警　官：是的，妳有。現在我要開妳罰單。
> 老太太：但我沒有超速。我說的是實話。
>
> 警　官：這留著跟法官說吧！
>
> （警官正在開罰單給那個老太太。）
>
> 老太太：如果我說你是渾蛋，我會再被開一張罰單嗎？
> 警　官：是的，妳會。
>
> 老太太：那如果我是只是覺得你是渾蛋呢？
> 警　官：嗯，老實說，我無法因爲妳的想法而開妳罰單。
>
> 老太太：很好。我覺得你是個渾蛋！

【註釋】

lady〔ˈledɪ〕*n.* 女士　　***pull over*** 把（車）開到路邊
drive〔draɪv〕*v.* 開車　　fast〔fæst〕*adv.* 快地
police officer 警官　　speed〔spid〕*v.* 超速
give *sb.* ***a ticket*** 開某人罰單　　truth〔truθ〕*n.* 眞相；事實
judge〔dʒʌdʒ〕*n.* 法官　　call〔kɔl〕*v.* 稱（某人）爲…
jerk〔dʒɜk〕*n.* 渾蛋　　***What if…?*** 如果…會怎樣？
honestly〔ˈɑnɪstlɪ〕*adv.* 老實說

60. (**C**) 老太太可能會發生什麼事？

　　(A) 警官不會開給她任何罰單。

　　(B) 法官會相信她說的任何話。

　　(C) 她會因爲她剛剛說的話而再收到一張罰單。

　　(D) 警官會向老太太道歉。

　　* believe〔bɪˈliv〕*v.* 相信　　apologize〔əˈpɑləˌdʒaɪz〕*v.* 道歉

TEST 6 詳解

聽力測驗（第 1-20 題，共 20 題）

第一部分：辨識句意（第 1-3 題，共 3 題）

1. (**C**) (A)　　　　　(B)　　　　　(C)

My cousin is so strong that he can even move a truck.
我的堂弟很強壯，他甚至可以移動一輛卡車。

* cousin〔ˋkʌzn̩〕*n.* 表（堂）兄弟姊妹　　move〔muv〕*v.* 移動
truck〔trʌk〕*n.* 卡車

2. (**B**) (A)　　　　　(B)　　　　　(C)

Nancy plays golf on the weekend.　南西在週末打高爾夫球。

* golf〔gɑlf〕*n.* 高爾夫球　　weekend〔ˋwikˋɛnd〕*n.* 週末

3. (**B**) (A)　　　　　(B)　　　　　(C)

The Easter egg roll is an interesting race.

滾動復活節彩蛋是一項有趣的比賽。

* Easter (ˈistə) n. 復活節　　***Easter egg*** 復活節彩蛋
  roll (rol) n. 滾動　　interesting (ˈɪntrɪstɪŋ) adj. 有趣的
  race (res) n. 比賽

第二部分：基本問答（第 4-10 題，共 7 題）

4. (**A**)　You look tired.　Are you all right?

　　你看起來很疲倦。你還好嗎？

　　(A)　In fact I didn't sleep well last night.

　　　　事實上，我昨晚沒睡好。

　　(B)　It's a day in the sun.　這是晴朗的一天。

　　(C)　I'm sure that I'm right.　我確信我是對的。

　　* tired (taɪrd) adj. 疲倦的　　***in fact*** 事實上
  　in the sun 在陽光下

5. (**C**)　Oh, no.　I can't find my wallet.　I must have left it in the
　　taxi.　噢，不。我找不到我的皮夾。我一定是把它掉在計程車上了。

　　(A)　The wallet looks inexpensive.　這皮夾看起來很便宜。

　　(B)　No, let's go by bus.　不，我們坐公車去。

　　(C)　Let's call the police for help.　我們叫警察幫忙。

　　* wallet (ˈwɑlɪt) n. 皮夾
  　inexpensive (ˌɪnɪkˈspɛnsɪv) adj. 便宜的
  　the police 警察；警方

6. (**C**)　Mom, why did you give money to that guy in the market?

　　媽，妳爲什麼要給在市場的那個人錢呢？

　　(A)　I hate the guy, too.　我也討厭那個傢伙。

　　(B)　Every dog has its day.　【諺】凡人皆有得意日。

　　(C)　He looked poor, didn't he?　他看起來很窮，不是嗎？

　　* guy (gaɪ) n. 人；傢伙　　market (ˈmɑrkɪt) n. 市場

7. (**B**) Would you stop complaining about the rainy weather?
   你可以停止抱怨這下雨的天氣嗎？

   (A) Of course.　It's my honor.　當然，這是我的榮幸。
   (B) I can't help it.　I want to go on an outing.
   　　我實在沒辦法。我想要去遠足。
   (C) Why?　We need some water.　爲什麼？我們需要一些水。

   * complain〔kəm'plen〕*v.* 抱怨
     rainy〔'renɪ〕*adj.* 下雨的　　weather〔'wɛðə〕*n.* 天氣
     honor〔'ɑnə〕*n.* 榮幸　　*I can't help it.* 我實在沒辦法。
     outing〔'aʊtɪŋ〕*n.* 遠足；郊遊

8. (**B**) Debby, I think the pink shirt is better than the red one.
   黛比，我認爲粉紅色的裙子比紅色的好。

   (A) Yes, he does.　是的，他是。
   (B) OK.　Let's not argue about it.
   　　好的。關於這裙子我們不要再爭論了。
   (C) Why shouldn't I?　爲什麼我不應該？

   * pink〔pɪŋk〕*adj.* 粉紅色的　　skirt〔skɜt〕*n.* 裙子
     argue〔'ɑrgju〕*v.* 爭論

9. (**A**) Dear, could you iron the pants for me?
   親愛的，你可以幫我燙褲子嗎？

   (A) Sure.　It's a piece of cake.　當然。小事一件。
   (B) Do what you like.　做你喜歡做的事。
   (C) I believe you.　我相信你的話。

   * iron〔'aɪən〕*v.* 燙平；熨　　pants〔pænts〕*n. pl.* 褲子
     a piece of cake 小事一件

10. (**C**) Is there anything else I can do for the meeting tonight?
    今晚的會議還有其他什麼事是我可以做的嗎？

    (A) May I help you?　我可以幫助你嗎？

(B) Leave it alone. 別管它。

(C) No, thanks. Everything is ready.
     <u>不用，謝謝。每件事都準備好了。</u>

* else〔ɛls〕adv. 其他；其他什麼東西
  meeting〔'mitɪŋ〕n. 會議　　***leave...alone*** 別管…；別打擾…

第三部分：言談理解（第 11-20 題，共 10 題）

11. (**B**) W：Thomas, can you tell me where Moonbucks Café is?

女：湯瑪士，你能告訴我月巴克咖啡在哪裡嗎？

M：Sure. It's just across from the train station. You've
     been there, haven't you?

男：好的。它就在火車站的對面。你有去過那裡，不是嗎？

W：Yes, I have. But it was a long time ago.

女：是的，我有。但是已經是很久以前了。

M：Keep walking along Talee Street until you reach First
     Road. It's just at the corner. You can't miss it.

男：一直沿著泰利街走，直到你抵達第一路。它就在轉角。你不
     會錯過它。

Question：Where is Moonbucks Café?

         月巴克咖啡在哪裡？

(A) It's just next to the train station. 它就在火車站旁邊。

(B) It's on the corner of Talee Street and First Road.
     <u>它在泰利街和第一路的轉角。</u>

(C) It's across from the airport. 它在機場的對面。

* café〔kə'fe〕n. 咖啡廳　　***across from*** 在～的對面
  train station 火車站　　along〔ə'lɔŋ〕prep. 沿著；順著
  until〔ən'tɪl〕prep. 直到　　reach〔ritʃ〕v. 抵達
  corner〔'kɔrnɚ〕n. 角落；街角　　miss〔mɪs〕v. 錯過
  next to 在～隔壁　　airport〔'ɛr͵port〕n. 機場

12. (**C**) W : Mr. Smith, I have something to tell you.

女：史密斯先生，我有事要告訴你。

M : What's that?

男：什麼事？

W : I broke the window while I was washing it.

女：我在洗窗戶時把窗戶打破了。

M : That's the third time you've done it. You have to be more careful.

男：那已經是妳第三次了。妳必須再小心點。

Question : What's true about the woman?

關於這位女士，何者正確？

(A) She never washed windows. 她從沒洗過窗戶。

(B) She is a careful worker. 她是個小心的員工。

(C) She has broken a window a few times.

她已經打破窗戶好幾次了。

* break〔brek〕v. 打破　careful〔'kɛrfəl〕adj. 小心的
worker〔'wɝkɚ〕n. 工人；員工

13. (**A**) W : Dr. Lee, I've had a cough for a whole month.

女：李醫師，我已經咳嗽了一整個月。

M : That doesn't sound good. Let me see what I can do for you. Do you smoke?

男：那聽起來不太好。讓我看看我能為妳做什麼。妳抽煙嗎？

W : Yes, I'm used to smoking when I'm thinking.

女：是的，當我思考時，我習慣抽煙。

M : I see. I suggest you quit smoking immediately. I'll prescribe some medicine for you, too.

男：我明白了，我建議妳立刻戒煙，我也會開一些藥給妳。

Question : What does Dr. Lee do? 李醫師是做什麼？

(A) He's a doctor. 他是醫生。

(B) He's a dancer. 他是舞者。

(C) He's a manager. 他是經理。

* doctor〔'dɑktɚ〕 *n.* 醫生；博士（略 *Dr.*）
  cough〔kɔf〕 *n.* 咳嗽　　whole〔hol〕 *adj.* 整個的
  sound〔saʊnd〕 *v.* 聽起來　　smoke〔smok〕 *v.* 抽煙
  be used to* + *V-ing 習慣於～　　suggest〔sə'dʒɛst〕 *v.* 建議
  quit〔kwɪt〕 *v.* 停止；戒除
  immediately〔ɪ'midɪɪtlɪ〕 *adv.* 立刻
  prescribe〔prɪ'skraɪb〕 *v.* 開（藥方）
  medicine〔'mɛdəsn̩〕 *n.* 藥　　dancer〔'dænsɚ〕 *n.* 舞者
  manager〔'mænɪdʒɚ〕 *n.* 經理

14. (**A**) M : Judy, that bag is beautiful. Where did you get it?

男：茱蒂，那袋子好漂亮。妳在哪裡買的？

W : It was a birthday present from my brother.

女：這是我哥哥送我的生日禮物。

M : How wonderful! Your brother always remembers your birthday, doesn't he? I wish I had a brother like him.

男：好棒！你哥哥總是記得妳的生日，不是嗎？我希望我有一個像他一樣的哥哥。

W : Peter, although you are the only child, you have many good friends around you.

女：彼得，雖然你是獨生子，但是你周圍有很多好朋友。

M : That's true.

男：沒錯。

Question : How many brothers and sisters does Peter have? 彼得有幾個兄弟姊妹？

(A) None. 沒有。　　(B) One. 一個。

(C) Two. 二個。

* get〔gɛt〕v. 買到；得到　　present〔'prɛzənt〕n. 禮物
wonderful〔'wʌndəfəl〕adj. 很棒的
the only child 獨生子　　around〔ə'raʊnd〕prep. 圍繞
none〔nʌn〕pron. 無一人；無一個

15. (**B**)　W : Merry Christmas, Franky.　How nice to see you.　You
　　　　　　 look taller and more handsome.

　女：聖誕快樂，法蘭克。看到你真好。你看起來長高了，也變得
　　　更帥了。

　M : Thank you, Mona.　Merry Christmas to you, too.
　　　You also look more charming.　Are Uncle and Aunt
　　　both at home?

　男：謝謝你，夢娜。也祝你聖誕快樂。妳看起來也更迷人了。叔
　　　叔和嬸嬸都在家嗎？

　W : Yes, they are.　They'll be here in a minute.　Would
　　　you like something to drink?

　女：是的，他們在。他們馬上就來。你想要喝什麼飲料嗎？

　M : Thanks.　I hope it's not too much trouble.

　男：謝謝。我希望不會太多麻煩。

　W : Not at all.

　女：一點也不。

　Question : What month is it?　現在是幾月？

　(A) It's January.　一月。

　(B) It's December.　十二月。

　(C) We don't know.　我們不知道。

* merry〔'mɛrɪ〕adj. 愉快的；歡樂的
Christmas〔'krɪsməs〕n. 聖誕節　　**Merry Christmas** 聖誕快樂
handsome〔'hænsəm〕adj. 英俊的
charming〔'tʃɑrmɪŋ〕adj. 迷人的　　**in a minute** 立即；馬上
trouble〔'trʌbl̩〕n. 麻煩　　month〔mʌnθ〕n. 月

16. (**B**) W : Forgive me for being late. I was caught in the heavy
        traffic.

女：原諒我遲到了。路上車子很多。

M : Never mind. It's always like that on Friday evenings.
        Have you had dinner yet?

男：沒關係。在星期五的晚上總是那樣。妳吃過晚餐了嗎？

W : No, I haven't.

女：不，我還沒吃。

M : Then please try our homemade pizza.

男：那麼請妳試試我們自製的披薩。

Question : Why was the woman late?

這位女士為什麼遲到？

(A) She was working overtime. 她加班。

(B) There was too much traffic on the way.
        路上車子很多。

(C) There was a car accident. 有車禍。

* forgive〔fɚˋgɪv〕v. 原諒   ***be catch in*** 遇到
    traffic〔ˋtræfɪk〕n. 交通；交通流量   ***heavy traffic*** 車輛很多
    homemade〔ˋhomˋmed〕adj. 自製的   pizza〔ˋpitsə〕n. 披薩
    overtime〔ˋovɚˏtaɪm〕adv. 加班
    accident〔ˋæksədənt〕n. 事故；意外

17. (**C**) W : Andrew, come watch the news on TV.

女：安德魯，來看電視新聞。

M : What news, Emily?

男：艾蜜莉，什麼新聞？

W : Lu Sanity lost the baseball game this morning.

女：盧森迪今天早上輸掉棒球比賽了。

M : That's not possible. He's been practicing so hard and
        he's my idol. I like to watch his games.

男：那是不可能的。他一直很認真地練習，而且他是我的偶像。
        我喜歡看他的比賽。

W : You can say that again. I think his fans must be very disappointed.

女：你說得對。我想他的粉絲一定很失望。

Question : Which is wrong? 哪一個是錯的？

(A) Emily is watching TV. 艾蜜莉正在看電視。

(B) Andrew is a fan of Lu Sanity.
安德魯是盧森迪的粉絲。

(C) Andrew never watches baseball games.
安德魯從來不看棒球比賽。

* basetball〔'bes,bɔl〕*n.* 棒球　　possible〔'pɑsəbḷ〕*adj.* 可能的
practice〔'præktɪs〕*v.* 練習　　idol〔'aɪdḷ〕*n.* 偶像
You can say that again. 你說得對。
fan〔fæn〕*n.* 迷；粉絲
disappointed〔,dɪsə'pɔɪntɪd〕*adj.* 失望的

18. (**C**) W : Berlin, wash up all the dishes and take out the garbage. The kitchen looks messy.

女：柏林，把所有的碗盤洗乾淨，並把垃圾拿出去。廚房看起來亂七八糟。

M: I did it yesterday, Mom. Today is Helen's turn.

男：媽，我昨天做了。今天輪到海倫。

W : Helen's busy mowing the lawn now.

女：海倫現在忙著割草。

M : What about Tiffany? She is listening to music in her room.

男：那麼蒂芙妮呢？她在房間聽音樂。

Question : Where's Helen now? 海倫現在在哪裡？

(A) She's in the kitchen. 她在廚房。

(B) She's in the room. 她在房間。

(C) She's in the yard. 她在院子裡。

* ***wash up*** 洗（餐具）　dish〔dɪʃ〕*n.* 碗盤
　take out 帶⋯出去　garbage〔'garbɪdʒ〕*n.* 垃圾
　kitchen〔'kɪtʃɪn〕*n.* 廚房　messy〔'mɛsɪ〕*adj.* 雜亂的
　turn〔tɜn〕*n.*（依次輪流時各自的）一次機會
　be busy + V-ing 忙於～　mow〔mo〕*v.* 割（草）
　lawn〔lɔn〕*n.* 草坪；草地　***What about⋯?*** 那⋯呢？
　yard〔jard〕*n.* 院子

19. (**A**)　W：Greg, will you take a trip to Canada with me in November?

女：葛列格，十一月時你要和我一起去加拿大旅行嗎？

M：I need to think it over, Sara. I haven't finished my project yet.

男：我需要考慮看看，莎拉。我還沒完成我的計畫。

W：When can you tell me the answer? Would this Friday be okay?

女：你何時可以告訴我答案？這星期五可以嗎？

M：It's not enough time to make the decision.

男：我沒有足夠的時間做決定。

W：That's all right. If you can't make it, I'll go with Eva.

女：沒關係。如果你不能去，我會和伊娃去。

Question：What is Sara going to do? 莎拉將要做什麼？

(A) She is going to go abroad. 她要出國。

(B) She is going to finish her project. 她將要完成她的計畫。

(C) She is going to make a pie. 她將要去做派。

* trip〔trɪp〕*n.* 旅行　***take a trip*** 去旅行
　Canada〔'kænədə〕*n.* 加拿大　***think over*** 仔細考慮
　finish〔'fɪnɪʃ〕*v.* 完成　project〔prə'dʒɛkt〕*n.* 計畫
　decision〔dɪ'sɪʒən〕*n.* 決定；決心
　make it 成功；辦到；能去　abroad〔ə'brɔd〕*adv.* 在國外
　go abroad 出國　pie〔paɪ〕*n.* 派

20. (**B**) W : Mike, may I borrow your motorcycle this Sunday?

女：麥克，這星期天我可以借你的摩托車嗎？

M : What? Are you out of your mind, Vivian? You haven't got your license.

男：什麼？妳瘋了嗎，薇薇安？妳沒有駕照。

W : So what? That is not a problem. I can prove it to you that I really can ride well.

女：那又怎樣？那不是問題。我可以向你證明我真的騎得很好。

M : Don't be silly. It's illegal to ride without a license.

男：別傻了。無照駕駛是違法的。

W : Then how about giving me a ride?

女：那麼讓我搭便車如何？

Question : Whose motorcycle is this? 這是誰的摩托車？

(A) It's Vivian's. 薇薇安的。

(B) It's Mike's. 麥克的。

(C) It's Mike's parents'. 麥克的父母的。

* borrow〔'baro〕v. 借（入）

motorcycle〔'motə‚saɪkḷ〕n. 摩托車   ***out of** one's **mind*** 瘋了

license〔'laɪsṇs〕n. 執照【在此指「駕照」(*driver's license*)】

So what? 那又怎樣？   prove〔pruv〕v. 證明

ride〔raɪd〕v. 騎 n. 搭乘   silly〔'sɪlɪ〕adj. 愚蠢的；糊塗的

illegal〔ɪ'ligḷ〕adj. 非法的   ***give** sb. **a ride*** 讓某人搭便車

閱讀測驗（第 21-60 題，共 40 題）

第一部分：單題（第 21-35 題，共 15 題）

21. (**D**) 蘇珊去年聖誕節幫助我們包裝禮物，但是今年她沒空。

(A) teach〔titʃ〕v. 教   (B) ask〔æsk〕v. 問

(C) know〔no〕v. 知道   (D) ***help***〔hɛlp〕v. 幫助

* wrap〔ræp〕v. 包裝   present〔'prɛznt〕n. 禮物

free time 空閒時間

22. (**B**) 比利<u>準備好</u>學校運動會了；他甚至在週末練習跑步。

    (A) never〔'nɛvɚ〕*adv.* 從未

    (B) ***ready***〔'rɛdɪ〕*adj.* 準備好的

    (C) sad〔sæd〕*adj.* 難過的

    (D) seldom〔'sɛldəm〕*adv.* 很少

    * ***field day*** 運動會   practice〔'præktɪs〕*v.* 練習

    weekend〔'wik'ɛnd〕*n.* 週末

23. (**C**) 你看！那位年輕的女士正快樂地在山上<u>滑雪</u>。她似乎非常樂在其中。

    (A) fly〔flaɪ〕*v.* 飛   (B) surf〔sɜf〕*v.* 衝浪

    (C) ***ski***〔ski〕*v.* 滑雪   (D) swim〔swɪm〕*v.* 游泳

    * seem〔sim〕*v.* 似乎   enjoy〔ɪn'dʒɔɪ〕*v.* 享受；喜歡

    a lot 非常

24. (**A**) A：你曾談過戀愛嗎？

    B：不，我<u>從未有過</u>。你呢？

    依句意，選 (A) ***never have***。 No, I never have.= No, I have never fallen in love.

    * ***fall in love*** 墜入愛河

25. (**C**) 我的媽媽說我四歲的時候就會<u>綁</u>鞋帶了。

    (A) pay〔pe〕*v.* 支付   (B) shine〔ʃaɪn〕*v.* 照耀

    (C) ***tie***〔taɪ〕*v.* 綁（鞋帶）

    (D) afford〔ə'ford〕*v.* 負擔得起

    * ***be able to*** 能夠

26. (**D**) A：一切如何？

    B：<u>還不錯</u>。我很早到學校，而且我記得帶功課到學校。

    (A) too bad 真糟糕   (B) terrible〔'tɛrəbl̩〕*adj.* 可怕的

    (C) no way 不行   (D) ***not bad*** 還不錯

    * remember〔rɪ'mɛmbɚ〕*v.* 記得   bring〔brɪŋ〕*v.* 帶

27. (**B**) 你的堂兄弟下午三點前往健身房。他們離開時一句話也<u>沒</u>說。

    (A) say〔se〕*v.* 說

    (B) ***without***〔wɪ'ðaʊt〕*prep.* 不；沒有

(C) so〔so〕*adv.* 那麼；如此

(D) after〔'æftæ〕*prep.* 在…以後

* cousin〔'kʌzn̩〕*n.* 堂（表）兄弟姊妹　　***head for*** 前往

gym〔dʒɪm〕*n.* 體育館；健身房　　leave〔liv〕*v.* 離開

word〔wɝd〕*n.* 話語

28.(**A**) 派對上的披薩<u>嚐起來</u>像餅乾。你在哪裡買的？

(A) ***taste***〔test〕*v.* 嚐起來

(B) eat〔it〕*v.* 吃

(C) make〔mek〕*v.* 做

(D) bite〔baɪt〕*v.* 咬

* pizza〔'pitsə〕*n.* 披薩　　cookie〔'kʊkɪ〕*n.* 餅乾

29.(**B**) 走快點！我們必須準時<u>到達</u>機場。

(A) turn on 打開（電源）

(B) ***arrive at*** 到達

(C) take on 承擔

(D) get at 理解

* airport〔'ɛr,port〕*n.* 機場　　***on time*** 準時

30.(**D**) 我們不應該開其他人的<u>玩笑</u>和讓他們尷尬。

(A) cards〔kɑrdz〕*n. pl.* 紙牌

(B) music〔'mjuzɪk〕*n.* 音樂

(C) sport〔sport〕*n.* 運動

(D) ***joke***〔dʒok〕*n.* 玩笑　　***play jokes on*** 開…的玩笑

* embarrass〔ɪm'bærəs〕*v.* 使尷尬

31.(**C**) <u>記者</u>有機會到世界各地旅行，因為他們需要訪問有名的人。

(A) engineer〔,ɛndʒə'nɪr〕*n.* 工程師

(B) singer〔'sɪŋæ〕*n.* 歌手

(C) ***reporter***〔rɪ'portæ〕*n.* 記者

(D) actor〔'æktæ〕*n.* 演員

* travel〔'trævl̩〕*v.* 旅行　　interview〔'ɪntæ,vju〕*v.* 訪問

32.(**D**) 我們<u>花</u>了一些時間為他們的家庭慶祝會選擇好的餐廳。

(A) make〔mek〕*v.* 做

(B) pay〔pe〕*v.* 支付

(C) spend〔spɛnd〕*v.*（人）花費

(D) ***take***〔tek〕*v.*（事物）花（時間）

* choose〔tʃuz〕*v.* 選擇　　celebration〔,sɛlə'breʃən〕*n.* 慶祝會

33. (**B**) 每個人在比賽中試著儘可能吃<u>很多</u>。約翰在所有的人當中是吃<u>最多的</u>。

    eat as much as one can 儘可能多吃   ***eat the most of all*** 是所有人當中吃最多的

    * contest〔ˈkɑntɛst〕*n.* 比賽

34. (**B**) 在公園和朋友們<u>放風箏</u>很多樂趣。

    本句須用動名詞當主詞，故選 (B) ***Flying***。

    * fly〔flaɪ〕*v.* 放（風箏）   kite〔kaɪt〕*n.* 風箏
    fun〔fʌn〕*n.* 樂趣；有趣

35. (**A**) 那個在門邊<u>戴</u>綠色眼鏡的男士看起來像維琪的父親。

    表「戴著」眼鏡，介系詞用 with，選 (A)。而 (C) ***in*** 則用於「穿（衣服）」或「戴（帽子）」，在此不合。

    * look〔lʊk〕*v.* 看起來

第二部分：題組（第 36-60 題，共 25 題）

（36～40）

瑪　莉：我背台詞有困難，可是我下個星期四要在才藝表演中<u>扮演</u>一個角色。我非常擔心。
　　　　　　　　　　　　　　　　　　　　　　　　　　　　　36

喬伊斯：不要擔心。我會盡力幫助妳。首先，每天練習幾次妳的台詞，大聲<u>朗讀</u>這些台詞。<u>在那之後</u>，閉上眼睛，想像場景，
　　　　　　　　　　　　37　　　　　　　　38
並開始背台詞。

瑪　莉：那聽起來很容易。

喬伊斯：此外，妳可以<u>用</u>錄音機來練習說英文。
　　　　　　　　　　　39

瑪　莉：謝謝妳的忠告。<u>我會試試看。</u>
　　　　　　　　　　　40

【註釋】

have trouble + V-ing 很難~　　memorize (ˈmɛməˌraɪz) *v.* 背誦
lines (laɪnz) *n. pl.* 台詞　　talent (ˈtælənt) *n.* 才藝
show (ʃo) *n.* 表演　　worried (ˈwɝɪd) *adj.* 擔心的
as···as can be 非常···　　practice (ˈpræktɪs) *v.* 練習
out loud 出聲地 (= *aloud*)　　imagine (ɪˈmædʒɪn) *v.* 想像
scene (sin) *n.* 場景　　sound (saʊnd) *v.* 聽起來
tape recorder 錄音機　　advice (ədˈvaɪs) *n.* 忠告

36. (**A**) need to V.「需要···」,故選 (A) ***to play***。play (ple) *v.* 扮演

37. (**A**) by 爲介系詞,後面須接動名詞,故選 (A) ***reading***。

38. (**D**) 依句意,選 (D) ***After***「在···之後」。

39. (**C**) 依句意,「用」錄音機,選 (C) ***with***。

40. (**B**) 依句意,選 (B) ***I will give it a try***.「我會試試看。」
　　(A) Give me a break. 「饒了我吧。」,
　　(C) It's of no use. 「沒有用。」,
　　(D) What a pity. 「眞可惜。」,則不合句意。

(41～45)

> 大家晚安。歡迎收看 NTV 氣象報導。如你所見,今天台北
> 是美好的晴天。但是,明天將會下雨,所以別忘了帶雨傘。台
> 中和高雄也會下雨。在東台灣,早上會出太陽,可是下午會越
> 來越涼。所以要帶外套。我是報導明日天氣的茹比,明天見!

【註釋】

report (rɪˈport) *n.* 報導　　sunny (ˈsʌnɪ) *adj.* 晴朗的
rainy (ˈrenɪ) *adj.* 下雨的　　eastern (ˈistən) *adj.* 東部的
cool (kul) *adj.* 涼爽的

41. (**D**) 依句意，選 (D) **weather** 〔ˈwɛðɚ 〕 *n.* 天氣。**weather report**「天
氣預報」。而 (A) **week**「星期」, (B) **month**「月」, (C) **season** 〔ˈsizn̩ 〕
n. 季節，均不合句意。

42. (**B**) 依句意，選 (B) **As**「正如」。

43. (**A**) (A) **unbrellas** 〔 ʌmˈbrɛləz 〕 *n. pl.* 雨傘
(B) towels 〔ˈtauəlz 〕 *n. pl.* 毛巾
(C) flowers 〔ˈflauɚz 〕 *n. pl.* 花
(D) glasses 〔ˈglæsɪz 〕 *n. pl.* 酷的

44. (**B**) (A) hot 〔 hɑt 〕 *adj.* 熱的　　(B) **shine** 〔 ʃaɪn 〕 *v.* 照耀
(C) heat 〔 hit 〕 *n.* 熱　　　(D) bright 〔 braɪt 〕 *adj.* 酷的

45. (**C**) 依句意，選 (C) **but**「但是」。

（46~48）

中國茶葉－龍井

龍井（當地說成 Lung Ching）是一種來自中國村落的茶。
龍井茶葉有特別的形狀。葉子又寬又扁，這是因爲經過費力的
乾燥程序。如此辛苦的過程，其成果是：龍井茶清爽滑口，甘
甜清香，是中國綠茶的上等品之一。其中，「安魂龍井」是這
高級茶葉的最高等級。

【註釋】

Chinese 〔 tʃaɪˈniz 〕 *adj.* 中國的　　　tea 〔 ti 〕 *n.* 茶；茶葉
dragon 〔ˈdrægən 〕 *n.* 龍　　　well 〔 wɛl 〕 *n.* 井
local 〔ˈlokl̩ 〕 *adj.* 當地的　　　language 〔ˈlæŋgwɪdʒ 〕 *n.* 語言；說法
kind 〔 kaɪnd 〕 *n.* 種類　　　village 〔ˈvɪlɪdʒ 〕 *n.* 村莊
special 〔ˈspɛʃəl 〕 *adj.* 特別的　　　shape 〔 ʃep 〕 *n.* 形狀
broad 〔 brɔd 〕 *adj.* 寬的　　　flat 〔 flæt 〕 *adj.* 扁平的
result 〔 rɪˈzʌlt 〕 *n.* 結果　　　laborious 〔 ləˈborɪəs 〕 *adj.* 費力的
drying 〔ˈdraɪɪŋ 〕 *n.* 乾燥　　　show 〔 ʃo 〕 *v.* 顯示
hard work 努力；辛苦　　　refreshing 〔 rɪˈfrɛʃɪŋlɪ 〕 *adv.* 清爽地

smooth〔smuð〕*adj.* 滑口的 sweet〔swit〕*adj.* 甜的
delicate〔'dɛləkɪt〕*adj.* 細緻的；美味的；清香的
green〔grin〕*n.* 綠茶 requiem〔'rɛkwɪəm〕*n.* 安魂曲
grade〔gred〕*n.* 等級 version〔'vɝʒən〕*n.* 版本；形式
truly〔'trulɪ〕*adv.* 真地 sublime〔sə'blaɪm〕*adj.* 崇高的；卓越的

46. (**C**) 什麼是「龍井」？

(A) 一個可以是釣魚的名勝。　(B) 一個美女的名字。

(C) 一種茶。　(D) 一種動物。

* famous〔'feməs〕*adj.* 有名的　*go fishing* 去釣魚
animal〔'ænəml̩〕*n.* 動物

47. (**A**) 「龍井」種在哪裡？

(A) 非洲。　(B) 美國。　(C) 英國。　(D) 中國。

* grow〔gro〕*v.* 種植　Africa〔'æfɪkə〕*n.* 非洲

48. (**A**) 關於「龍井」的敘述哪個是錯的？

(A) 「龍井」是最好的紅茶。　(B) 龍井茶清爽滑口。

(C) 它的葉子又寬又扁。　(D) 它的乾燥程序很費力。

* *black tea* 紅茶

(49～52)

> 很多人養狗當寵物。你也有嗎？當你的狗吠叫時，你怎麼處理？
>
> 　狗通常一天會因不同的原因叫好幾次。有些狗叫是事出有因，有些不是，也有些兩者都有。但是，似乎某些品種的狗比其他的來得會叫。問題不一定都是吠叫本身，而是必要的時候，狗需要安靜。身為狗的飼主好幾年，我想要談談狗會吠叫的原因。
>
> 　狗會叫可能有許多理由。牠們吠叫可能表示警告、警戒、某種玩笑、當時很興奮、要求某物、恐懼等等。當小狗叫時，常常是因為牠們害怕。
>
> 　別忘了要給你的狗足夠的愛和關懷，如此牠們才不需要藉由吠叫來求助。

【註釋】

lots of 很多　keep﹝kip﹞*v.* 養　　pet﹝pɛt﹞*n.* 寵物
deal with 應付；處理　　bark﹝bɑrk﹞*v.* 吠叫　　time﹝taɪm﹞*n.* 次數
reason﹝'rizn̩﹞*n.* 理由　　*for good reason* 有充分理由
yet﹝jɛt﹞*adv.* 但是　　seem﹝sim﹞*v.* 似乎　　certain﹝'sɝtn̩﹞*adj.* 某些
breed﹝brid﹞*n.* 品種　　*tend to V.* 易於；傾向於
not always 未必；不一定　　*not A but B* 不是 A，而是 B
need﹝nid﹞*n.* 需要　　quiet﹝'kwaɪət﹞*adj.* 安靜的
when necessary 必要的時候　　owner﹝'onɚ﹞*n.* 所有人；物主
would like to V. 想要～　　mean﹝min﹞*v.* 意指；表示
warning﹝'wɔrnɪŋ﹞*n.* 警告　　alarm﹝ə'lɑrm﹞*n.* 警報；警戒
sort﹝sɔrt﹞*n.* 種類　　joke﹝dʒok﹞*n.* 玩笑
excitement﹝ɪk'saɪtmənt﹞*n.* 興奮　　moment﹝'momənt﹞*n.* 時刻
ask for 要求　　fear﹝fɪr﹞*n.* 恐懼　　*and so on* 等等
puppy﹝'pʌpɪ﹞*n.* 小狗　　afraid﹝ə'fred﹞*adj.* 害怕的
care﹝kɛr﹞*n.* 照顧；關心　　*ask for help* 求助

49.（**B**）當狗興奮的時候牠們可能會做什麼？
　　　(A) 喝東西。　　(B) 吠叫。　　(C) 睡覺。　　(D) 幫助。
　　　* excited﹝ɪk'saɪtɪd﹞*adj.* 興奮的

50.（**C**）狗通常一天叫幾次？
　　　(A) 一天一次。　　　　　(B) 一週一次。
　　　(C) 一天好幾次。　　　　(D) 牠們從不叫。

51.（**C**）狗為什麼會叫？
　　　(A) 為了警告其他的動物。
　　　(B) 為了給其他的寵物足夠的愛。
　　　(C) 為了照顧牠們的主人。　　(D) 為了活更久。
　　　* warning﹝'wɔrnɪŋ﹞*n.* 警告　　*take care of* 照顧

52.（**D**）何者為真？
　　　(A) 狗主人完全不需要照顧他們的寵物狗。
　　　(B) 為了健康，狗必須晚上要叫。

(C) 寵物狗必須總是待在家裡吠叫。

(D) 某些品種的狗會比其他的狗還要常吠叫。

　　* *not…at all* 一點也不…　　healthy〔ˈhɛlθɪ〕*adj.* 健康的
　　pet〔pɛt〕*adj.* (作) 寵物的　　*all the time* 一直；總是

(53～55)

立體書

　　雖然記載上，有可動裝置的書已經被使用了好幾個世紀，但它們幾乎是用在學術的作品裡。一直到十八世紀，這些技術才被應用到作為娛樂用途的書，尤其是給兒童看的書。

　　第一個實體的立體書是厄內斯特‧尼斯德和羅塔‧梅根多佛所製作的。這些書在十九世紀的德國和英國很受歡迎。隨著第一本每日快訊兒童年鑑的出版，立體書的領域在 1929 年有個大躍進，這年鑑的「圖像會像模型一樣跳起來」。這是由路伊斯‧吉羅德和西奧多‧布朗所製造。在 1930 年代的美國，哈洛‧蘭茲以吉羅德為榜樣，在紐約創造了藍緞帶獎繪本。他是第一位使用「彈跳出來」這個名詞來描述他們會動的插圖的出版商。

【註釋】

pop-up〔ˈpɑpˏʌp〕*adj.* 彈跳出來的　　*pop-up book* 立體書
document〔ˈdɑkjəˏmɛnt〕*v.* 記載　　movable〔ˈmuvəbḷ〕*adj.* 可動的
part〔pɑrt〕*n.* 部分　　century〔ˈsɛntʃərɪ〕*n.* 世紀
scholarly〔ˈskɑləˑlɪ〕*adj.* 學術的　　work〔wɝk〕*n.* 作品
It was not until…that~ 直到…才~
technique〔tɛkˈnik〕*n.* 技巧；技術　　apply〔əˈplaɪ〕*v.* 應用
be applied to 應用到　　design〔dɪˈsaɪn〕*v.* 設計
entertainment〔ˏɛntəˈtenmənt〕*n.* 娛樂
above all 最重要的是；尤其　　produce〔prəˈdjus〕*v.* 生產；製造
popular〔ˈpɑpjələˑ〕*adj.* 受歡迎的　　Germany〔ˈdʒɝmənɪ〕*n.* 德國
Britain〔ˈbrɪtn̩〕*n.* 英國　　leap〔lip〕*n.* 跳躍；躍進
forward〔ˈfɔrwəd〕*adj.* 向前方的　　field〔fild〕*n.* 領域

come〔kʌm〕v. 出現　　publication〔͵pʌblɪˋkeʃən〕n. 出版
daily〔ˋdelɪ〕adj. 每天的　　express〔ɪkˋsprɛs〕adj. 快速的
annual〔ˋænjuəl〕adj. 每年的　　picture〔ˋpɪktʃɚ〕n. 圖畫
spring〔sprɪŋ〕v. 跳；躍起　　**sping up** 跳起
model〔ˋmɑdḷ〕n. 模型　　form〔fɔrm〕n. 形狀；形式
follow〔ˋfɑlo〕v. 遵循　　lead〔lid〕n. 榜樣；模範
follow** one's **lead 以某人為榜樣
production〔prəˋdʌkʃən〕n. 生產；製造
ribbon〔ˋrɪbən〕n. 緞帶　　***blue ribbon*** 藍帶；最高榮譽
Blue Ribbon Books （美國紐約）藍絲帶出版社【1932 年發行「傑克與巨人」
時，首創 pop-up（意即「彈跳出來」）一詞，從此 pop-up book 才成為立體書的專
有名詞。】
publisher〔ˋpʌblɪʃɚ〕n. 出版商　　term〔tɝm〕n. 名詞；用語
describe〔dɪˋskraɪb〕v. 描述　　illustration〔͵ɪləsˋtreʃən〕n. 插圖

53.（**B**）誰是第一位使用「彈跳出來」這詞彙來描述書的可動部分？
　　　　(A) 西奧多・布朗。　　　　(B) 哈洛・蘭茲。
　　　　(C) 厄內斯特・尼斯德。　　(D) 羅塔・梅根多佛。

54.（**A**）立體書看起來可能是什麼樣子？

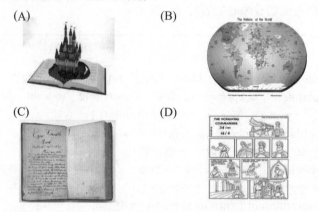

55.（**C**）根據本文，何者為非？
　　　　(A) 第一本實體立體書在德國和英國很受歡迎。
　　　　(B) 早期有會動的部分的書幾乎是學術作品。

(C) 在十八世紀以前，書裡可動部分的技術已經用來作為娛樂和給孩童看。

(D) 立體書的可動部分讓閱讀更有趣。

* interesting〔'ɪntrɪstɪŋ〕*adj.* 有趣的

(56～60)

今天是四月四日。米妮商店今天盛大開幕。所有東西都打75 折。特價時間從四月四日到四月十五日。

米妮商店		
價格	米 NT$180 / 袋	麵 粉 NT$30
價格	糖 NT$50	牛奶 NT$60
價格	NT$100	巧克力 NT$250

在特價期間，如果你消費超過台幣三百元，可以免費得到一袋糖。

【註釋】

shop〔ʃɑp〕*n.* 商店　　***special sale*** 特價　　price〔praɪs〕*n.* 價格
rice〔raɪs〕*n.* 米　　flour〔flaʊr〕*n.* 麵粉　　sugar〔'ʃʊgɚ〕*n.* 糖
milk〔mɪlk〕*n.* 牛奶　　chocolate〔'tʃɔkəlɪt〕*n.* 巧克力
free〔fri〕*adj.* 免費的

56.（**B**）你無法在米妮商店買到什麼？

　　(A) 糖。　　　　　　　　(B) 汽水。

　　(C) 麵粉。　　　　　　　(D) 南瓜。

　　* soda〔'sodə〕*n.* 汽水　　pumpkin〔'pʌmpkɪn〕*n.* 南瓜

57.（**B**）特價持續多久？

　　(A) 四天。　　　　　　　(B) 十二天。

　　(C) 十三天。　　　　　　(D) 兩週。

　　* last〔læst〕*v.* 持續

58.（**A**）艾薇四月十六日想要買兩個南瓜和一盒巧克力，這樣要多少錢？

　　(A) 台幣 450 元。　　　　(B) 台幣 337.5 元。

　　(C) 台幣 350 元。　　　　(D) 台幣 600 元。

59.（**D**）今天是四月十日，泰迪買了兩包米，這樣是多少錢？

　　(A) 台幣 30 元。　　　　 (B) 台幣 60 元。

　　(C) 台幣 180 元。　　　　(D) 台幣 270 元。

60.（**B**）何者為真？

　　(A) 特價持續到四月四日。

　　(B) 在特價期間，如果安迪花了超過台幣三百元，他可以免費
　　　　得到一袋糖。

　　(C) 所有的東西在四月十二日，都便宜了百分之七十五（打
　　　　2.5 折）。

　　(D) 在特價的第三天，南瓜一個要價台幣一百元。

　　* ***for free*** 免費

TEST 7 詳解

聽力測驗 (第 1-20 題，共 20 題)

第一部分：辨識句意 (第 1-3 題，共 3 題)

1. (**C**) (A)   (B)   (C)

It's a windy day, with no sun. The rain is going to last all day. 風大沒太陽的日子，持續下了一整天的雨。

* windy〔'wɪndɪ〕 *adj.* 風大的   last〔læst〕 *v.* 持續

2. (**B**) (A)   (B)   (C)

The car hit a big tree, so it was damaged.
這部汽車撞到了大樹，所以它損毀了。

* hit〔hɪt〕 *v.* 碰撞   damage〔'dæmɪdʒ〕 *v.* 損壞；毀壞

3. (**C**) (A)   (B)   (C)

Brian was playing soccer. 布萊恩在踢足球。

* soccer〔'sakə〕n. 足球

第二部分：基本問答（第 4-10 題，共 7 題）

4.（ **C** ）Which do you want for dinner, pizza or hamburgers?
你們晚餐要吃哪一種，披薩或漢堡？

(A) They both prefer hamburgers, I think.
我想他們兩個都比較喜歡漢堡。

(B) Yes, they like to eat pizza and hamburgers.
是的，他們喜歡吃披薩和漢堡。

(C) We like hamburgers more than pizza.
我們喜歡漢堡多於披薩。

* pizza〔'pitsə〕n. 披薩
hamburger〔'hæmbɝgə〕n. 漢堡
prefer〔prɪ'fɝ〕v. 更喜歡　　***more than*** 多於

5.（ **C** ）Is Carol good at dodge ball? 卡蘿擅長打躲避球嗎？

(A) Yes, it's a good ball. 是的，它是好球。

(B) Yes, she isn't having fun at all.
是的，她玩得一點都不愉快。

(C) Yes, she even joined the school team.
是的，她甚至參加校隊。

* ***be good at*** 擅長　　dodge〔dadʒ〕v. n. 躲避；躲開
dodge ball 躲避球　　fun〔fʌn〕n. 樂趣
have fun 玩得很愉快　　***not～at all*** 一點也不～
join〔dʒɔɪn〕v. 參加　　team〔tim〕n. 隊伍
school team 校隊

6. (**B**) May I speak to Mr. White? 我可以和懷特先生說話嗎？

    (A) Do you need any help? 你需要任何幫助嗎？

    (B) Hold on, please. 請不要掛斷。

    (C) See you later. 待會見。

    * ***hold on*** 不掛斷電話

7. (**A**) Sorry, I can't go with you. I have to go home to prepare for the show.

    抱歉，我不能和你一起去了。我必須回家去準備表演。

    (A) Then, I'll go by myself. 那麼，我自己去。

    (B) But I can't live without you.

        但是沒有你我無法生活。

    (C) I am free all evening. 我整晚都有空。

    * prepare (prɪ'pɛr) *v.* 準備 *< for >*　　show (ʃo) *n.* 表演
      free (fri) *adj.* 自由的；空閒的

8. (**C**) Mom, the soup is already cold. 媽，湯已經冷掉了。

    (A) Can't you clean it up? 你不能清理嗎？

    (B) You can put some sugar in it.

        你可以放一些糖進去。

    (C) Then just heat it up. 那麼把它加熱就行了。

    * soup (sup) *n.* 湯　　***clean up*** 清理；打掃
      sugar ('ʃugɚ) *n.* 糖　　heat (hit) *v.* 把~加熱 *< up >*

9. (**A**) I have trouble sleeping at night. 我在晚上有睡眠煩惱。

    (A) Try taking a hot bath before sleep.

        睡覺前洗個熱水澡試試看。

    (B) It's a piece of cake for you. 對你而言是小事一件。

    (C) You have a point, don't you?

        你有個重點，不是嗎？

* trouble (ˈtrʌbl̩) *n.* 困難　　***have trouble*+*V-ing*** 做～有困難
bath (bæθ) *n.* 沐浴；洗澡
a piece of cake 容易的事　　point (pɔɪnt) *n.* 重點；要點

10. (**B**)　Can you tell me where the restroom is?
你能告訴我洗手間在哪裡嗎？

　　(A)　I don't want to take a rest. 我不想要休息。

　　(B)　Sure.　It's on the corner. 當然。它在角落。

　　(C)　Yes, there are many restaurants here.
　　　　　是的，這裡有很多餐廳。

　　* restroon (ˈrɛstrum) *n.* 洗手間
　　take a rest 休息一下　　corner (ˈkɔrnɚ) *n.* 角落
　　restaurant (ˈrɛstərənt) *n.* 餐廳

第三部分：言談理解（第 11-20 題，共 10 題）

11. (**B**)　M : Have you played "*TigerWar*" yet?
男：你玩過「老虎戰爭」嗎？

　　　　　W : Yes, my brother lent me his last week.　I loved it.
　　　　　　　I want to buy one.
女：是的，我的哥哥上星期把它借給我。我很熱愛它。我要
　　去買一個。

　　　　　M : Great, if you have one, then we can play it together.
男：太棒了，如果你有一個，那麼我們可以一起玩了。

　　　　　Question : What is "*TigerWar*"?
　　　　　　　　　　　「老虎戰爭」是什麼？

　　(A)　An animal. 動物。

　　(B)　A video game. 電動遊戲。

　　(C)　A player. 選手。

* lend〔lɛnd〕v. 借給【lent 為過去式及過去分詞】
love〔lʌv〕v. 熱愛　animal〔'ænəml̩〕n. 動物
video〔'vɪdɪ,o〕adj. 電視的　***video game*** 電動遊戲
player〔'pleɚ〕n. 選手

12. (**A**) W : Look!　That's my neighbor, Kelly Wang.　We live on
　　　　　 the same street.
　　女：看！那是我的鄰居王凱莉。我們住在同一條街上。
　　M : Why not ask her to join us to see the movie?
　　男：何不請她加入我們去看電影嗎？
　　W : No, I don't think so.　We're late.　Let's go in now.
　　女：不，我不認為這樣好。我們遲到了。我們現在進去吧。
　　Question : Where are they?　他們在哪裡？
　　(A) At a theater.　在戲院。
　　(B) At the station.　在車站。
　　(C) At their home.　在他們的家。

　　* neighbor〔'nebɚ〕n. 鄰居　　join〔dʒɔɪn〕v. 加入
　　　movie〔'muvɪ〕n. 電影　　***go in*** 進入…裡面
　　　theater〔'θiətɚ〕n. 戲院；電影院　　station〔'steʃən〕n. 車站

13. (**A**) M : Kiki is really great.　She's so successful but not
　　　　　 proud.
　　男：琪琪非常棒。她是如此成功但不驕傲。
　　W : I agree.　Every young actor should take her for
　　　 a model.
　　女：我同意。每個年輕演員都應該以她為模範。
　　M : Yes, she sets a good example for young people who
　　　 want to be famous.
　　男：是的，她為每個想要成名的年輕人樹立一個好的榜樣。

Question : What are they talking about?
他們在談論什麼？

(A) A great actress. 一名很棒的女演員。

(B) A famous movie. 一部有名的電影。

(C) A proud woman. 一位驕傲的女人。

* successful (sək'sɛsfəl) adj. 成功的
proud (praʊd) adj. 驕傲的　　agree (ə'gri) v. 同意
model ('madḷ) n. 模範　　example (ɪg'zæmpḷ) n. 榜樣
famous ('feməs) adj. 出名的
set a good example for 為～樹立好榜樣

14. (**C**) M : Good evening. Would you like to have "today's special"? We have got excellent steak today.

男：晚安。你要點「今日特餐」嗎？我們今天有很好的牛排。

W : Good, I will have that. And a piece of cheesecake after the meal, please.

女：好，我要那個。請在餐後給我一塊起司蛋糕。

M : No problem.

男：沒問題。

Question : What does the woman have for dinner?
這位女士晚餐想要吃什麼？

(A) Meat and fruit. 肉和水果。

(B) Pork and cheese. 豬肉和起司。

(C) Beef and dessert. 牛肉和甜點。

* special ('spɛʃəl) n. 特價；特餐
pork (pork) n. 豬肉　　beef (bif) n. 牛肉
dessert (dɪ'zɜt) n. 甜點

15. (**C**) M : I am leaving my job.

男： 我要離職了。

W : What? Why?

女： 什麼？為什麼？

M : I don't get enough money from the company. I can't afford to live in Taipei on so little money.

男： 在公司的薪水不夠。錢這麼少，我負擔不起台北的生活。

Question : What's the conversation about?

這段對話關於什麼？

(A) The woman will pay him more money.

這位女士將付他更多錢。

(B) They don't like big cities like Taipei.

他們不喜歡像台北市這樣的大城市。

(C) The man wants to quit his job. 這位男士想要離職。

* leave〔liv〕v. 辭去（工作）　　company〔'kʌmpənɪ〕n. 公司
  afford〔ə'ford〕v. 負擔得起　　pay〔pe〕v. 支付
  quit〔kwɪt〕v. 辭職

16. (**A**) W : You won't believe this. Yesterday I left a message on Jeremy Lin's Twitter, and he answered me right away.

女： 你不會相信這個。我昨天留訊息在林書豪的推特上，而他馬上就回應我了。

M : Really? What did you say to him?

男： 真的嗎？你跟他說什麼？

W : I said I had watched all his games, and hoped he could come to Taiwan this fall, and he said he would think about that.

女：我說我看了他所有的比賽，並且希望他在今年秋天可以來
臺灣，而他說他會考慮。

Question : What happened to the woman?

女士發生什麼事？

(A) She got a message from her favorite player.

她從她最喜愛的選手得到一個訊息。

(B) She will fly to see her favorite player this fall.

她今年秋天要飛去看她最喜愛的選手。

(C) She had recorded all of Jeremy Lin's games.

她錄下了林書豪所有的比賽。

* leave〔liv〕*v.* 留給　　message〔'mɛsɪdʒ〕*n.* 訊息
Twitter〔'twɪtɚ〕*n.* 推特【社群網站】
record〔rɪ'kɔrd〕*v.* 錄影（音）

17. (**C**) W : Let's go to Stella's.

女：我們去史黛拉吧。

M : But it's expensive to eat out.

男：但是在外面吃很貴。

W : All right. Then why don't you cook something for
me?

女：好的。那麼你為什麼不煮一些東西給我吃呢？

Question : What is Stella's? 史黛拉是什麼？

(A) It's a cook. 它是廚師。

(B) It's an expensive meal. 它是一道昂貴的餐點。

(C) It's a restaurant. 它是一家餐廳。

* expensive〔ɪk'spɛnsɪv〕*adj.* 昂貴的
eat out 在外面吃飯

18. (**B**) W : Good morning, Mr. Jobs. Are there any letters for
me today?

女：早安，賈伯斯先生。今天有我的任何信件嗎？

M : No, but you have a package. Please sign at the
bottom.

男：沒有，但是你有一個包裹。請在最下面這裡簽名。

W : Thank you. Have a good day!

女：謝謝你。祝你有好的一天！

Question : What is Mr. Jobs?

賈伯斯先生是做什麼的？

(A) A vendor. 小販。

(B) A mail carrier. 郵差。

(C) A waiter. 服務生。

* package〔ˋpækɪdʒ〕 *n.* 包裹　　sign〔saɪn〕 *v.* 簽名
bottom〔ˋbɑtəm〕 *n.* 底部　　vendor〔ˋvɛndɚ〕 *n.* 小販
carrier〔ˋkærɪɚ〕 *n.* 送信人

19. (**A**) W : What will your family do this weekend?

女：你的家人這週末將做什麼？

M : My father and my sister will go fishing. As for me,
I have to stay at home to study.

男：我父親和我妹妹將會去釣魚。至於我，我必須待在家裡
讀書。

W : What about your mom?

女：那你媽媽呢？

M : She needs to go to work even on weekends.

男：即使在週末她也要去工作。

Question : How many of the boy's family will not be
home this weekend?

這男孩的家人在這週末有幾人不在家？

(A) Three. 三人。

(B) Four. 四人。

(C) One. 一人。

* fishing〔'fɪʃɪŋ〕n. 釣魚　　need〔nid〕v. 需要

20. (**B**) W : What's that noise?

女：那是什麼噪音？

M : It's from the Wang's place. They are fixing their
house.

男：是從王家傳來的。他們正在整修屋子。

W : But it's Sunday morning. They should not fix it at
this time.

女：但是現在是星期日早上，他們不應該在這個時候整修。

Question : What is the woman unhappy about?

這位女士對什麼事不高興？

(A) She can't sleep well. 她睡不好。

(B) The noise from her neighbor.

從鄰居家傳來的噪音。

(C) The Wang's broken house.

王家損壞的房子。

* noise〔nɔɪz〕n. 噪音

place〔ples〕n. 住所　　fix〔fɪks〕v. 整修

neighbor〔'nebɚ〕n. 鄰居

閱讀測驗（第 21-60 題，共 40 題）

第一部分：單題（第 21-35 題，共 15 題）

21. (A) 蘇珊花光她所有的錢，而且她的朋友一個接一個離去。現在的她<u>貧困又孤單</u>。

    (A) *poor and lonely* 貧困的和孤單的

    (B) proud of herself 以她自己為榮

    (C) as happy as a bird 像鳥一樣開心

    (D) setting an example 樹立榜樣

    * spend〔spɛnd〕v. 花費   leave〔liv〕v. 離開

    poor〔pʊr〕adj. 貧困的

    lonely〔'lonlɪ〕adj. 孤單的

    proud〔praʊd〕adj. 驕傲的   set〔sɛt〕v. 樹立

    example〔ɪg'zæmpl̩〕n. 榜樣

22. (C) 沈先生走<u>過</u>花店。他沒有進去因為有太多人在裡面。

    依句意，選 (C) *past*「經過」。

23. (D) 這位來自小鎮的女孩在這個大城市<u>迷路</u>，並且找不到回家的路。

    (A) exciting〔ɪk'saɪtɪŋ〕adj. 令人興奮的

    (B) tired〔taɪrd〕adj. 疲倦的

    (C) married〔'mærɪd〕adj. 已婚的

    (D) *lost*〔lɔst〕adj. 迷路的

24. (A) 他就是那位<u>在十個月內到二十個不同國家旅行</u>的年輕人。

    依文法，選 (A) *who traveled*。

    * travel〔'trævl̩〕v. 旅行

25.（ **B** ）小孩透過親身經驗來學習新事物。有些是用觸摸的，而<u>其他</u>則由吃的。

依句意，選 (B) *others*「其他」。

＊experience〔ɪkˋspɪrɪəns〕v. 感受　　touch〔tʌtʃ〕v. 觸摸

26.（ **A** ）我這支手機不是買的。我哥哥上週<u>給</u>我，因為他有新手機了。

(A) *give*〔gɪv〕v. 給　　　　　(B) buy〔baɪ〕v. 買

(C) carry〔ˋkærɪ〕v. 攜帶　　　(D) find〔faɪnd〕v. 找到

＊*cell phone* 手機

27.（ **C** ）在雨季，水應該要為旱季而<u>貯存</u>。那麼我們在一年中任何時候都能用水。

(A) follow〔ˋfɑlo〕v. 跟隨

(B) catch〔kætʃ〕v. 接住

(C) *store*〔stor〕v. 貯存

(D) cover〔ˋkʌvɚ〕v. 覆蓋

＊rainy〔ˋrenɪ〕adj. 下雨的　　season〔ˋsizn̩〕n. 季

28.（ **D** ）<u>熬夜</u>對你來說不好。你隔天可能很容易感到疲倦。

It 是虛主詞，應用不定詞做真正主詞，故本題選 (D) *to stay up*「熬夜」。

29.（ **B** ）路易絲和線上的陌生人聊天會很開心，但是我<u>不會</u>。網路會是個危險的地方。

根據前句的主要動詞 has 為一般動詞，後句助動詞要用 do，故本題選 (B) *don't*。

＊chat〔tʃæt〕v. 聊天　　stranger〔ˋstrendʒɚ〕n. 陌生人
online〔ˋɑnˏlaɪn〕adv. 在線上　　net〔nɛt〕n. 網路

30. (**A**) 威廉：為什麼妳看起來如此虛弱？妳的腿怎麼了？

    茹比：<u>說來話長</u>。這要好一下子才能說清楚。

      (A) **It's a long story**. 說來話長。

      (B) Anyway I am hungry. 無論如何我餓了。

      (C) I should hide myself. 我應該躲起來。

      (D) Here you go again. 你又來了。(你老毛病又犯了。)

      * weak〔wik〕*adj.* 虛弱的　　leg〔lɛg〕*n.* 腿

       a while 一下子；一陣子

31. (**D**) 當地震發生的時候，我<u>正在洗澡</u>。我跑出房子，只有一條浴巾

    圍在身上。

      表示過去某時正在進行的動作，要用「過去進行式」，故

      選 (D) *was taking*「正在洗澡」。

      * earthquake〔'ɝθ,kwek〕*n.* 地震　　towel〔'tauəl〕*n.* 浴巾

32. (**C**) 我昨天在派對上看到喬伊斯的丈夫。在那之前我<u>沒見過他</u>。

      表示比過去某時更早發生的動作，要用「過去完成式」，故

      選 (C)

    hadn't seen「沒見過」。

      * husband〔'hʌzbənd〕*n.* 丈夫　　party〔'partɪ〕*n.* 派對

33. (**B**) 莉莉：<u>如果</u>一個妳不愛的男士一直邀妳出去，妳會怎麼做？

    蘿絲：告訴這個人我的感覺，並且要求他停止這麼做。

      依句意，選 (B) *if*「如果」。

      * keep〔kip〕*v.* 一直；持續　　ask〔æsk〕*v.* 邀請；要求

       guy〔gaɪ〕*n.* 人；傢伙

34. (**A**) 小時候，我<u>在公開場合唱歌</u>顯得彆腳。長大之後，我能夠唱得

    越來越好。到目前為止，我已經錄製超過五張專輯。

(A) *sing in public* 在公開場合唱歌

  (B) play tricks 玩把戲

  (C) get a good grade 得到好成績

  (D) look at the bright side 看光明面；保持樂觀

  * *be poor at* 不擅長；很差勁 record〔rɪˈkɔrd〕*v.* 錄製

  album〔ˈælbəm〕*n.* 專輯 *so far* 到目前為止

  in public 公開地 trick〔trɪk〕*n.* 把戲

  grade〔gred〕*n.* 成績

  looking at the bright side 看光明面；保持樂觀

35. (**C**) 我的兒子總是告訴我車子<u>不要開</u>這麼快。他說這是危險的。

  tell「告訴」接受詞後，要接不定詞，且依句意為否定，故
  本題選 (C) *not to drive*「不要開」。

  * dangerous〔ˈdendʒərəs〕*adj.* 危險的

第二部分：題組（第 36-60 題，共 25 題）

（36～38）

  今年我的妻子和我買了第一間房子。我們很開心。我們終於
有自己的房子了。可是這房子的屋況不好。木門被白蟻蛀食，油
漆剝落，而且有些<u>窗戶也破掉了。我們要花很多錢來整修</u>房子。
             36

  我的妻子告訴我，「親愛的，別擔心。只要我們努力，就可
以修好所有的東西。」隔天，我買新<u>油漆並且把牆壁漆成亮黃
          37
色</u>。我們小心地移除破玻璃，把新的玻璃裝到窗戶上。但是我們
不知道該怎麼處理門。讓我們驚訝的是，我們的一位鄰居，陳奧
利弗是木匠。他幫助我們修理門，並且將門上膠來保護木頭不受
蟲害。我們有一個宜人的，舒適的房子，<u>它能讓我的妻子和我住
很多年</u>。我們是如此幸運。
           38

【註釋】

finally〔'faɪnḷɪ〕*adv.* 終於　　condition〔kən'dɪʃən〕*n.* 狀況

wooden〔'wʊdṇ〕*adj.* 木製的　　termite〔'tɝmaɪt〕*n.* 白蟻

paint〔pent〕*n.* 油漆 *v.* 上漆　　peel〔pil〕*v.* 剝落

cost〔kɔst〕*v.* 花費　　*as long as* 只要　　bright〔braɪt〕*adj.* 明亮的

remove〔rɪ'muv〕*v.* 移除　　*what to do with* 如何處理

To one's surprise 讓某人驚訝的是…　　neighbor〔'nebɚ〕*n.* 鄰居

carpenter〔'kɑrpəntɚ〕*n.* 木匠　　glue〔glu〕*n.* 膠

protect〔prə'tɛkt〕*v.* 保護　　insect〔'ɪnsɛkt〕*n.* 昆蟲

36. (**C**) It 是虛主詞，表示事情「花費～錢」。真正主詞要用不定詞，
故本題選 (C) *to fix*「修理」。

37. (**A**) (A) *paint*〔pent〕*n.* 油漆　　(B) brush〔brʌʃ〕*n.* 刷子
　　　　　 (C) marker〔'mɑrkɚ〕*n.* 標記；奇異筆
　　　　　 (D) plate〔plet〕*n.* 盤子

38. (**B**) 依文法，關係代名詞 which 指前述的房子，選 (B)。

（39～42）

親愛的提米，

　　我還有兩天就要去韓國。我非常興奮因為我<u>從未離開過台</u>
　　　　　　　　　　　　　　　　　　　　　　　39
灣。這也是我第一次坐飛機。我的班機將在上午 9 點降落首爾。
你<u>將能夠</u>到機場接我嗎？如果不行，請讓我知道。我還是可以
　40
坐計程車到飯店。我<u>將待</u>在首爾一週，並且可能在行程的第三
　　　　　　　　　41
天去你家。或者你可以到首爾大飯店和我碰面。在首爾見。

你的朋友，

賈斯汀

親愛的賈斯汀，

　　我非常高興你能來韓國。我等不及要見你了！我當然會去接你。去年暑假我去台北玩的時候，你也爲我做了一樣的事。
42
如果你願意，你可以和我一起住在我的公寓。有額外的房間，而且我已經爲你準備好一切。首爾在夏天時很熱。別帶外套。

　　　　　　　　　　　　　　　　　　　誠摯地，
　　　　　　　　　　　　　　　　　　　提米

【註釋】

Korea〔koˊriə〕*n.* 韓國　　flight〔flaɪt〕*n.* 班機
land〔lænd〕*v.* 降落　　Seoul〔sol〕*n.* 首爾【韓國首都】
be able to+V 能夠　　**pick sb. up** 接某人
know〔no〕*v.* 知道　　glad〔glæd〕*adj.* 高興的
extra〔ˊɛkstrə〕*adj.* 額外的
sincerely〔sɪnˊsɪrlɪ〕*adv.* 誠摯地

39.（**B**）表示從過去到現在從未有過的經驗，要用 have never+p.p，
　　　而根據空格後的 away 得知，空格應用 be 動詞，故本題選
　　　(B) **been**。

40.（**C**）依句意用未來式，選 (C) **Will**。

41.（**A**）依句意用未來式，選 (A) **will stay**。

42.（**D**）依句意，是過去做過的事，選 (D) **did**。

（43～44）

　　你現在在漢堡戰爭之中！是的，我們知道你想要真正好的漢堡，可是現在有這麼多選擇，你去哪找最好的一個或幾個？每個人都有他們的最愛，而且每種漢堡一定都有愛好者。根據我們可信賴的消息來源，以及我們找到的許多漢堡店，以下是我們覺得如果你想要好東西，你就必須光顧的店！

　　如果你在尋找稍微不同味道的漢堡，你一定要光顧 CGB！菜單非常令人驚奇；你不會預料到在漢堡店有素食菜單。你要任何口味的牛肉漢堡，這裡就有相同的素食和雞肉漢堡！這家店的招牌特餐「CC 天堂」，是必吃的口味。有些人可能很難接受紐西蘭牛肉，因為它比美國牛肉還要乾一些，但自從美國牛肉有時候不是那麼安全，你可能會發現 CC 天堂是不錯的選擇。在 CGB 你可以吃漢堡搭配薯條。它們是當天任何時候的絕佳餐點。

【註釋】

in the middle of sth. 在…當中　　choice〔tʃɔɪs〕*n.* 選擇
surely〔ˈʃʊrlɪ〕*adv.* 一定　　fan〔fæn〕*n.* 愛好者；粉絲
according to 根據　　reliable〔rɪˈlaɪəbḷ〕*adj.* 可信賴的
source〔sors〕*n.* 消息來源　　slightly〔ˈslaɪtlɪ〕*adv.* 稍微地
taste〔test〕*n.* 味道　　expect〔ɪkˈspɛkt〕*v.* 預期
vegetarian〔ˌvɛdʒəˈtɛrɪən〕*adj.* 素食的　*n.* 素食者
flavor〔ˈflevɚ〕*n.* 口味　　special〔ˈspɛʃəl〕*n.* 特色菜
heaven〔ˈhɛvən〕*n.* 天堂　　accept〔əkˈsɛpt〕*v.* 接受

43. (**A**) 關於 CC 天堂，什麼是真的？
　　(A) 它是用紐西蘭牛肉做成的。
　　(B) 它在 CGB 和麥當勞都有販賣。
　　(C) 一位素食者必須試著吃 CC 天堂。
　　(D) 人們吃它不是這麼安全。

44.(**C**) 如果接下來有第三段，會有關什麼？

        (A) 最大的漢堡。   (B) 不同的牛肉味道。

        (C) <u>另一家漢堡餐廳。</u>   (D) 健康，但是不美味的漢堡。

        * paragraph〔ˈpærə͵græf〕*n.*（文章的）段、節

        yummy〔ˈjʌmɪ〕*adj.* 美味的

（45～47）

七個學生在午餐時間討論兩間茶店。

艾希麗：過去五年以來，我每個週末都會去蘿絲瑪莉茶花園。知道他們這個夏天要停止賣薰衣草茶是件難過的事。它過去是店裡賣最好的茶。

蘇　菲：為什麼他們要<u>那樣</u>做？我非常喜愛薰衣草茶。

艾希麗：嗯，我猜沒有那麼多人可以付一壺兩百元的價位。

奈吉兒：說到薰衣草茶，你們不覺得粉紅茶館有一樣好的薰衣草茶嗎？——不，甚至比蘿絲瑪莉茶花園還要好？而且價格也更合理。

伊芙琳：可是蘿絲瑪莉茶花園的座位比較舒適，而且那邊安靜多了。那邊的書架上也有免費閱讀的書和雜誌。它真的給茶的愛好者一個好地方。

安　娜：嘿，你們忘記粉紅茶館的香蕉巧克力派了嗎？能有一杯冰茶配派吃是多麼歡樂的事！那才是一間好茶店該做的事——給顧客食物來配飲料。蘿絲瑪莉茶花園沒有任何食物。你們知道，餓的時候不能吃書。

大　衛：我從沒聽過蘿絲瑪莉茶花園。但是我去過粉紅茶館超多次，因為它距離我家只有兩條街。

奈　許：那麼，我們放學後何不都去粉紅茶館吃派和喝飲料，然後我們可以去大衛的家？

【註釋】

lunchtime〔'lʌntʃ,taɪm〕n. 午餐時間　　know〔no〕v. 知道
sell〔sɛl〕v. 販賣　　lavender〔'lævəndɚ〕n. 薰衣草
best-selling〔'bɛst'sɛlɪŋ〕adj. 賣最好的　　guess〔gɛs〕v. 猜測
afford〔ə'ford〕v. 負擔得起　　price〔praɪs〕n. 價格
pot〔pɑt〕n. 壺　　**talk about** 談到
reasonable〔'riznəbl〕adj. 合理的　　seat〔sit〕n. 座位
comfortable〔'kʌmfɚtəbl〕adj. 舒適的
quiet〔'kwaɪət〕adj. 安靜的　　free〔fri〕adj. 免費的
magazine〔,mægə'zin〕n. 雜誌　　shelf〔ʃɛlf〕n. 書架
truly〔'truli〕adv. 真正地　　lover〔'lʌvɚ〕n. 愛好者
delight〔dɪ'laɪt〕n. 歡樂；愉快　　**a glass of** 一杯
customer〔'kʌstəmɚ〕n. 顧客　　drink〔drɪŋk〕n. 飲料
hungry〔'hʌŋgri〕adj. 饑餓的　　million〔'mɪljən〕adj. 無數的
time〔taɪm〕n. 次　　visit〔'vɪzɪt〕v. 拜訪　　place〔ples〕n. 住所

45. (**B**) 關於這七個人，我們知道什麼？
　　　(A) 其中一人知道茶店老闆住在哪。
　　　(B) 其中一些人討論在兩間店都有的一種特殊茶。
　　　(C) 他們全部都去過兩間店。
　　　(D) 他們全都喜愛一家店的香蕉巧克力派。
　　　* shopkeeper〔'ʃɑp,kipɚ〕n. 店主
　　　　special〔'spɛʃəl〕adj. 特殊的

46. (**B**) 關於茶店，哪個是真的？
　　　(A) 粉紅茶館的茶比較便宜，而且那裡比較安靜。
　　　(B) 蘿絲瑪莉茶花園已經停止販賣薰衣草茶。
　　　(C) 粉紅茶館在學校旁邊，接近大衛的家。
　　　(D) 人們可以在蘿絲瑪莉茶花園舒適地吃東西。
　　　* cheap〔tʃip〕adj. 便宜的

47. (**A**) 對話中的 <u>that</u> 意思是？
　　　(A) 不再賣茶。　　　　　(B) 不再買茶。
　　　(C) 不再喝茶。　　　　　(D) 用高價格賣茶。
　　　* **no longer** 不再…

（48～50）

台裔美籍的瑞奇‧韓是一位歌手，他的歌唱生涯一開始起伏不定，但是接著在 2012 年贏得葛萊美的最佳藝人獎。他對歌唱的熱愛讓他向前進，而且他也是我們國家青年的真實典範。接下來是最近他和喬伊斯電台的訪談。

電　　台：所以這一切是怎麼發生的？

瑞奇‧韓：我從小就愛上音樂。對我而言，沒有其他的音樂比節奏藍調還具有魔力。我的偶像史提夫‧汪達，讓我想要做節奏藍調的音樂。在美國亞裔的藝人絕不容易。　我 17 歲的時候在教堂裡被發掘。兩年後，我開始和保羅‧李一起共事，他當時已經在為一些偉大歌手，像是茉蒂‧瑞德和飛行瘋子做音樂。他給我機會展開我的音樂生涯。

電　　台：我們曉得英語是你第一個語言，而國語是第二個。學習國語對你來說困難嗎？你能給我們學新語言的一些秘訣嗎？

瑞奇‧韓：對，學國語非常困難。我每天都在上課。看電視也幫助我很多，唱歌也是。我聽張學友和周杰倫的歌。中文歌詞真是美麗。

電　　台：台灣有很多食物！什麼是你的最愛？

瑞奇‧韓：路邊攤很棒！像是我一開始無法吃下臭豆腐，可是後來我迷上了它！它吃起來就是美味。

【註釋】

born〔bɔrn〕adj. 出生的　　singer〔'sɪŋɚ〕n. 歌手
career〔kə'rɪr〕n. 生涯　　**ups and downs** 起伏不定
win〔wɪn〕v. 贏得　　**Grammy Award** 葛萊美獎
artist〔'ɑrtɪst〕n. 藝人　　model〔'mɑdḷ〕n. 典範
youth〔juθ〕n. 青年　　interview〔'ɪntɚˏvju〕n. 訪談
recently〔'risṇtlɪ〕adv. 最近　　happen〔'hæpən〕v. 發生
kid〔kɪd〕n. 小孩　　magical〔'mædʒɪkḷ〕adj. 有魔力的
R and B 節奏藍調（= *Rhythm and Blues*）　　idol〔'aɪdḷ〕n. 偶像
Asian〔'eʃən〕adj. 亞洲的　　notice〔'notɪs〕v. 注意到
church〔tʃɝtʃ〕n. 教堂　　already〔ɔl'rɛdɪ〕adv. 已經

nut〔nʌt〕*n.* 瘋子　　chance〔tʃæns〕*n.* 機會
language〔'læŋgwɪdʒ〕*n.* 語言　　Mandarin〔'mændərɪn〕*n.* 中文
tip〔tɪp〕*n.* 秘訣；提示　　lyrics〔'lɪrɪks〕*n. pl.* 歌詞
street food 路邊攤　　stinky〔'stɪŋkɪ〕*adj.* 臭的　　***stinky tofu*** 臭豆腐
get hooked on *sth.* 迷上某事；被某事吸引　　***nothing but*** 只是；就是

48. (**C**) 在這篇文章裡，沒有說到什麼？
　　　(A) 瑞奇・韓喜愛的音樂類型。
　　　(B) 瑞奇・韓如何學習中文。
　　　(C) <u>瑞奇・韓在美國生活的困難。</u>
　　　(D) 瑞奇・韓如何開始他的音樂生涯。
　　　* type〔taɪp〕*n.* 類型　　difficulty〔'dɪfə͵kʌltɪ〕*n.* 困難

49. (**B**) 根據訪談，關於瑞奇・韓，以下哪個是真的？
　　　(A) 他用看電視和聽歌來學英文。
　　　(B) <u>他青少年時期在教堂裡唱歌。</u>
　　　(C) 他和飛行瘋子合作，並且一起做音樂。
　　　(D) 周杰倫為他寫了一些美麗的中文歌詞。
　　　* teenager〔'tin͵edʒɚ〕*n.* 青少年

50. (**D**) 這裡的 <u>got hooked on</u> 是什麼意思？
　　　(A) 惹麻煩。　　　　　　　(B) 被感動。
　　　(C) 感到興奮。　　　　　　(D) <u>變得著迷。</u>
　　　* trouble〔'trʌbl̩〕*n.* 麻煩　　touch〔tʌtʃ〕*v.* 使感動
　　　　excited〔ɪk'saɪtɪd〕*adj.* 興奮的

(51~52)

　　　你想要心愛的寵物擁有最好的美容待遇嗎？這裡我們給你市內
最好的。露露位於饒河街夜市附近。員工全都有寵物美容的學位，
這保證會讓你的寵物帶著驕傲出門離開。有六種不同的 spa 香味讓
你選擇，以及在又大又舒適的房間的放鬆按摩，一定會讓你的寵物
愛上沐浴。

員工已獲得好幾個寵物美容的獎項。他們在剪毛、染色和造型上的技巧很熟練。如同先前說的，他們用不同種類的 spa 香味。無論是讓牠們的毛髮柔軟和色彩鮮艷、深層淨化，或是身體放鬆，這些全都是由按摩來完成，以至於寵物在整個過程中才能覺得自在。雖然清潔寵物，讓牠們看起來漂亮可能看起來很容易，卻需要真功夫。所以趕快帶你的寵物到露露做一個美好的寵物 spa！

【註釋】

beloved〔bɪˈlʌvd〕*adj.* 心愛的　　style〔staɪl〕*v.* 整梳（頭髮）
treatment〔ˈtritmənt〕*n.* 待遇；對待
located〔loˈketɪd〕*adj.* 位於⋯的
staff〔stæf〕*n.* 員工　　degree〔dɪˈgri〕*n.* 學位
groom〔grum〕*v.* 使整潔　　promise〔ˈprɑmɪs〕*v.* 保證
pride〔praɪd〕*n.* 驕傲　　fragrance〔ˈfregrəns〕*n.* 香味
massage〔məˈsɑʒ〕*n.* 按摩　　award〔əˈwɔrd〕*n.* 獎
skilled〔skɪld〕*adj.*（技巧）熟練的　　dye〔daɪ〕*v.* 染色
scent〔sɛnt〕*n.* 香味　　glowing〔ˈgloɪŋ〕*adj.* 鮮艷的
cleanse〔klɛnzɪŋ〕*v.* 清洗；淨化
relaxation〔ˌrilæksˈeʃən〕*n.* 放鬆
feel at ease 覺得自在　　process〔ˈprɑsɛs〕*n.* 過程

51.（**C**）茱蒂帶她的狗去露露。在店裡她的狗會得到什麼？

(A) 訓練來接球。　　　　　　(B) 大餐。

(C) 牠的毛髮會被梳理。　　　(D) 訓練來做特技。

＊comb〔kom〕*v.* 梳理　　trick〔trɪk〕*n.* 特技

52.（**D**）在這篇閱讀裡沒有提到什麼？

(A) 露露的員工知道怎麼讓你的寵物變漂亮。

(B) 露露是夜市裡最好的寵物 spa。

(C) 你的寵物在露露裡可以得到好的 spa 按摩。

(D) 做寵物美容不會花太多錢。

（53~55）

•┤•

有的人說愛，是河流　　　　　不被接受的人，
淹沒柔弱的蘆葦。　　　　　　似乎不能給予。
有的人說愛，是剃刀　　　　　而靈魂，害怕死去，
讓你的靈魂流血。　　　　　　不再學會活著。

有的人說愛，是饑渴，　　　　當夜晚當夜太寂寞，
無盡心痛的需求。　　　　　　而路又太長，
我說愛，是花朵，　　　　　　而你覺得愛只是
而你是唯一的種子。　　　　　為那些幸運和堅強的人，

是心，害怕破碎，　　　　　　要記得在冬天
不再學著跳動。　　　　　　　在嚴酷積雪的底下，
是夢，害怕醒來，　　　　　　藏著一粒種子，隨著太陽的愛，
不再抓住機會。　　　　　　　會在春天成為一朵玫瑰。

【註釋】

drown〔draʊn〕v. 淹沒　　tender〔'tɛndɚ〕adj. 柔弱的
reed〔rid〕n. 蘆葦　　razor〔'rezɚ〕n. 剃刀
soul〔sol〕n. 靈魂　　bleed〔blid〕v. 流血
endless〔'ɛndlɪs〕adj. 無盡的
aching〔'ekɪŋ〕adj. 疼痛的　　seed〔sid〕n. 種子
beneath〔bɪ'niθ〕prep. 在…之下　　bitter〔'bɪtɚ〕adj. 嚴酷的

53. (**B**) 第四段缺少的字是什麼？

(A) 妻子。　　(B) 活著。　　(C) 藏匿。　　(D) 哭泣。

* stanza〔'stænzə〕n. (詩的) 段落

54. (**B**) 在詩歌裡沒提到什麼？

(A) 愛是傷你很深的剃刀。

(B) 愛在嚴冬裡讓你溫暖。

(C) 愛像河流，帶走蘆葦。

(D) 愛對一些人來說是永不停止的需求。

55. (**B**) 這首歌試著告訴我們_____
    (A) 通過困難，一個人會變得更好。
    (B) <u>那些害怕受傷的人不會真的快樂。</u>
    (C) 寧可沒有愛，也不要被它傷害。
    (D) 一顆受傷的心不再有機會跳動。

（56～57）

方塊的蝙蝠俠和貓女之夜
每週一晚上

把自己打扮成蝙蝠俠或貓女，
你只要付一半的方塊入場費。
（正常價：350 元）
而且所有菜單上的東西都免費！

☆午夜後，所有的蝙蝠俠和貓女只要到舞台上
並且擺姿勢，就能獲得免費的啤酒。☆

方塊是戈登鎮最好的夜店！
我們每天都開放，除了星期三。
下午 2 點至凌晨 2 點

【註釋】
　cube〔kjub〕n. 方塊　　***dress up*** 打扮
　admission〔əd'mɪʃən〕n. 入場費　　normal〔'nɔrml̩〕adj. 正常的
　free〔fri〕adj. 免費的　　stage〔stedʒ〕n. 舞台　　pose〔poz〕v. 擺姿勢

56. (**D**) 關於「方塊的蝙蝠俠和貓女之夜」，我們知道什麼？
    (A) 任何想進去方塊的人必須穿得像蝙蝠俠。
    (B) 每個星期一服務生都會穿特殊的服裝。
    (C) 這個特別的夜晚會比其他天還要早開放。
    (D) <u>12 點過後，會有一項活動來獲得飲料。</u>

　＊waiter〔'wetɚ〕n. 服務生　　costume〔'kɑstjum〕n. 服裝
　early〔'ɝlɪ〕adj. 提早的　　activity〔æk'tɪvətɪ〕n. 活動
　win〔wɪn〕v. 贏得；獲得　　drink〔drɪŋk〕n. 飲料

57. (**C**) 星期一，卡蘿邀請三個朋友傑克、琳達和凱倫去方塊，女孩們打
扮得像貓女，傑克穿超人裝！總之，他們開心地進去了。他們付
了多少錢才能進去？

　　(A) 350 元。　　(B) 700 元。　　(C) <u>875 元</u>。　　(D) 1050 元。

　　* invite〔ɪn'vaɪt〕*v.* 邀請　　pay〔pe〕*v.* 支付

（58～60）

　　薩爾瓦多‧菲利普‧哈辛托‧達利，很多人只知道他叫達利，是
少數 20 世紀還能吸引大眾興趣的藝術家之一，不僅是因爲他的畫作，
還有他多彩多姿的人生。

　　1904 年 5 月 11 日出生於西班牙，薩爾瓦多‧達利是上流富裕家
庭的兒子。他的父母知道他喜愛畫畫，所以他們爲達利在海邊蓋了間
畫室，讓小達利自由地做他愛的事。

　　當達利 18 歲的時候，他進入馬德里的一間知名藝術學校。三年
後，1925 年，他在巴塞隆納舉辦他的首次畫展。他非常成功地開啓藝
術生涯。這個展覽引起大眾的注意，而從那之後，他被認爲是藝術界
的年輕天才。1928 年，他在巴黎舉辦另一個展覽，也因此變得國際化。
無論他在國外有多出名，他總是回到家鄉，西班牙小鎮卡達克斯，在
那裡他可以找到藝術靈感，並且遇到卡拉‧艾呂雅。卡拉女士原是詩
人保羅‧艾呂雅的妻子。可是她很快就與達利相戀，然後他們在 1936
年結婚。戰爭期間，這對夫妻不得不離開西班牙，待在倫敦和巴黎。
1940 年他們離開歐洲，在美國住了八年。達利在現代藝術博物館舉行
了一次很大的畫展，並且成爲那裡家喻戶曉的名字。

當戰爭結束以後，達利和卡拉回到西班牙，他們住在一座城堡裡。他
依然舉辦很多藝術展覽，有時候也上電視談話節目。在卡拉過世後七
年，達利於 1989 年逝世。達利的作品在全世界很多博物館和私人收
藏裡都可以找到。

【註釋】

Salvador Felipe Jacinto Dali 薩爾瓦多‧菲利普‧哈辛托‧達利【西班牙
畫家，以超現實主義畫作聞名】　　simply〔'sɪmplɪ〕*adv.* 只；僅僅
artist〔'ɑrtɪst〕*n.* 藝術家　　century〔'sɛntʃʊrɪ〕*n.* 世紀

draw〔drɔ〕v. 吸引　　public〔'pʌblɪk〕n. 大衆
painting〔'pentɪŋ〕n. 畫作　　colorful〔'kʌləfəl〕adj. 多彩多姿的
upper class 上流階級　　studio〔'stjudɪ,o〕n. 畫室；工作室
turn〔tɜn〕v. 變成；成爲　　Madrid〔mə'drɪd〕n. 馬德里【西班牙首都】
hold〔hold〕v. 舉辦　　exhibition〔,ɛksə'bɪʃən〕n. 展覽
Barcelona〔,bɑrsɪ'lonə〕n. 巴塞隆納【西班牙第二大城】
successfully〔sək'sɛsfəlɪ〕adv. 成功地
attention〔ə'tɛnʃən〕n. 注意　　**from then on** 從此以後
be thought of as 被認爲是　　genius〔'dʒinjəs〕n. 天才
show〔ʃo〕n. 展覽　　international〔,ɪntə'næʃənḷ〕adj. 國際化的
abroad〔ə'brɔd〕adv. 在國外　　poet〔'poɪt〕n. 詩人
couple〔'kʌpḷ〕n. 夫妻　　museum〔mju'zɪəm〕n. 博物館
modern〔'mɑdən〕adj. 現代的　　household〔'haʊs,hold〕adj. 家喻戶曉的
come to an end 結束　　castle〔'kæsḷ〕n. 城堡　　**talk show** 談話節目
work〔wɜk〕n. 作品　　private〔'praɪvɪt〕adj. 私人的
collection〔kə'lɛkʃən〕n. 收藏

58.(**D**) 關於達利的一生，哪個是正確的？
　　　(A) 他在 19 歲的時候辦了第一次展覽。
　　　(B) 他第一次在家鄉遇到他的妻子在西元 1936 年。
　　　(C) 西元 1940 年，他去美國因爲他有名。
　　　(D) 他的妻子比他早七年過世。

59.(**C**) 根據本篇文章，哪個陳述是正確的？
　　　(A) 人們只能在博物館看到達利的畫作。
　　　(B) 達利小時候很貧窮，但是他喜歡畫畫。
　　　(C) 達利住過許多城市，可是他從未忘記他的出生地。
　　　(D) 雖然達利在晚年體弱多病，他還是作出很多畫作。

60.(**D**) 哪個不是卡達克斯鎮對達利很重要的理由？
　　　(A) 那是他出生和長大的地方。
　　　(B) 那是他遇到妻子的地方。
　　　(C) 那是他找到藝術靈感的地方。
　　　(D) 那是他舉辦首次展覽的地方。
　　　* artistic〔ɑr'tɪstɪk〕adj. 藝術的

TEST 8 詳解

聽力測驗 (第 1-20 題，共 20 題)

第一部分：辨識句意 (第 1-3 題，共 3 題)

1. (**B**) (A)　　　　　　　(B)　　　　　　　(C)

That new blue sweater is my birthday gift from my
grandma. 新的藍色毛衣是我祖母送我的生日禮物。
　* sweater (ˈswɛtɚ) *n.* 毛衣　　gift (gɪft) *n.* 禮物
　　grandma (ˈgrændmɑ) *n.* 祖母

2. (**C**) (A)　　　　　　　(B)　　　　　　　(C)

She is a funny girl.　She often tells us jokes.
她是個有趣的女孩。她常常告訴我們笑話。
　* funny (ˈfʌnɪ) *adj.* 有趣的　　often (ˈɔfən) *adv.* 常常
　　joke (dʒok) *n.* 笑話

3. (**A**) (A)　　　　　　　(B)　　　　　　　(C)

After washing the baby, I dried him with a towel.

替嬰兒洗完澡後，我用毛巾把他擦乾。

* wash〔wɑʃ〕v. 洗　　baby〔'bebɪ〕n. 嬰兒
　dry〔draɪ〕v. 把…弄乾　　towel〔'tauəl〕n. 毛巾

第二部分：基本問答（第 4-10 題，共 7 題）

4. (**B**) Does it snow in New York in spring?

　　紐約在春天會下雪嗎？

　　(A) Yes, it is very rainy in spring.

　　　　是的，在春天是多雨的。

　　(B) Yes, they sometimes have snow in spring.

　　　　是的，在春天有時候會下雪。

　　(C) No, we usually have some snow in New York in spring. 不會，紐約在春天經常會下一些雪。

　　* snow〔sno〕v. 下雪　n. 雪　　New York〔nju'jɔrk〕n. 紐約
　　rainy〔'renɪ〕adj. 多雨的　　usually〔'juʒuəlɪ〕adv. 通常

5. (**B**) What's the matter? You look pretty down.

　　怎麼了？你看起來很沮喪。

　　(A) I'm really sorry to hear that.

　　　　聽到那個消息我很遺憾。

　　(B) I lost my favorite watch yesterday.

　　　　我昨天遺失了我最喜歡的手錶。

　　(C) That jacket really looks nice on me.

　　　　那件夾克我穿起來非常好看。

　　* *What's the matter*? 怎麼了？(= *What's wrong*?)
　　look〔luk〕v. 看起來　　pretty〔'prɪtɪ〕adv. 非常；相當
　　down〔daun〕adj. 情緒低落的　　really〔'rɪəlɪ〕adv. 很；十分
　　lose〔luz〕v. 遺失　　favorite〔'fevərɪt〕adj. 最喜愛的
　　jacket〔'dʒækɪt〕n. 夾克　　nice〔naɪs〕adj. 好的；漂亮的

6. (**A**) Is there anyone in the restroom now?
現在有任何人在洗手間嗎？

(A) Yes, a man just went in it. 是的，有個男人剛進去。
(B) No. My son is in it. 沒有。我的兒子在裡面。
(C) Sorry. There are not many restrooms.
抱歉。沒有很多洗手間。

* restroom〔'rɛst,rum〕n. 洗手間　　just〔dʒʌst〕adv. 剛剛

7. (**A**) What are you going to do in Taitung this weekend?
你這個週末將要在台東做什麼？

(A) Perhaps we'll visit a mountain.
或許我們會去山上。
(B) See you tomorrow. 明天見。
(C) Did you have a good time? 你玩得愉快嗎？

* Taitung〔'taɪ'tuŋ〕n. 台東　　weekend〔'wik'ɛnd〕n. 週末
visit〔'vɪzɪt〕v. 參觀；遊覽；去　　mountain〔'mauntn̩〕n. 山
have a good time 玩得愉快

8. (**C**) Where were you kids this afternoon?
今天下午你們這些孩子在哪裡？

(A) It's fun to play cards. 玩牌很有趣。
(B) We will enjoy ourselves. 我們會玩得很愉快。
(C) We were in the living room. 我們在客廳。

* fun〔fʌn〕adj. 有趣的　　cards〔kɑrdz〕n. pl. 紙牌
enjoy oneself 玩得愉快

9. (**C**) Has your friend tried stinky tofu at a night market in
Taiwan?
你的朋友在臺灣的夜市有嘗試過臭豆腐嗎？

(A) Yes, they made me happy. 是的，他們使我快樂。
(B) No, it's delicious. 不，它很美味。

(C) Yes, she tried it once last year.
是的，她去年嘗試過一次。

* try〔traɪ〕v. 嘗試　　stinky〔'stɪŋkɪ〕adj. 臭的
　 tofu〔'tofu〕n. 豆腐　　**night market** 夜市
　 delicious〔dɪ'lɪʃəs〕adj. 好吃的　　once〔wʌns〕adv. 一次

10. (**B**) Do you need some drinks? 你需要一些飲料嗎？
(A) No, I'll just have a drink. 不，我只要一杯飲料。
(B) Sure. I want some milk tea, please.
當然。請給我一些奶茶。
(C) Yes, the coffee is too sweet. 是的，這咖啡太甜了。

* drink〔drɪŋk〕n. 飲料　　**milk tea** 奶茶
　 coffee〔'kɔfɪ〕n. 咖啡　　sweet〔swit〕adj. 甜的

第三部分：言談理解（第 11-20 題，共 10 題）

11. (**C**) W : Did you hear the news? A woman was killed nearby
the other day.
女：你有聽到那個新聞嗎？一位女士前幾天在附近被殺害。
M : It's sad to hear that. Do you know what she was
doing there?
男：聽到那個消息很難過。妳知道她在那邊做什麼嗎？
W : I guess she was going to meet someone. Her car was
found not far away from her body.
女：我猜她正要和某人碰面，她的車在遺體不遠處被發現。
M : Were there any other clues?
男：有任何其他的線索嗎？
W : Oh… The police found a glove there. The bad guy
must have worn gloves.
女：噢…警方在那裡找到一隻手套。壞人一定是戴了手套。

M : That makes sense. We can read more about it in the newspaper.

男：那很合理。我們可以在報紙上看到更多關於這件事的消息。

Question : What are they talking about?

他們正在談論什麼？

(A) A pair of pretty gloves. 一雙漂亮的手套。

(B) A new car. 一台新車。

(C) A piece of news. 一則新聞。

* news〔njuz〕*n.* 新聞；消息　　kill〔kɪl〕*v.* 殺害
  nearby〔'nɪr'baɪ〕*adv.* 在附近　　*the other day* 前幾天
  guess〔gɛs〕*v.* 猜　　meet〔mit〕*v.* 和…見面
  body〔'badɪ〕*n.* 遺體　　clue〔klu〕*n.* 線索　　*the police* 警方
  glove〔glʌv〕*n.* 手套　　guy〔gaɪ〕*n.* 人；傢伙
  wear〔wɛr〕*v.* 戴著　　sense〔sɛns〕*n.* 道理　　*make sense* 合理
  a pair of 一副　　pretty〔'prɪtɪ〕*adj.* 漂亮的　　*a piece of* 一則

12. (**B**) W : How much is the red washing machine?

女：這台紅色洗衣機多少錢？

M : It's $12,800.

男：它是一萬二千八百元。

W : I'm afraid I can't afford it. It's too expensive.

女：恐怕我負擔不起。它太貴了。

M : But it's already a very good price for it.

男：但這已經是非常好的價格了。

W : Um… Do you have cheaper ones?

女：嗯…你們有比較便宜的嗎？

M : What about the green one? It's only $9,600.

男：這台綠色的如何？它只要九千六百元。

W : Ok, I'll take it.

女：好的。我買這一台。

Question : How much money might the woman have with her? 女士可能帶了多少錢？

(A) $13,000. 一萬三千元。

(B) $10,000. 一萬元。

(C) $9,000. 九千元。

* machine〔məˈʃin〕*n.* 機器　　***washing machine*** 洗衣機
　afford〔əˈford〕*v.* 付擔得起
　expensive〔ɪkˈspɛnsɪv〕*adj.* 昂貴的　　price〔praɪs〕*n.* 價格
　cheap〔tʃip〕*adj.* 便宜的　　***What about~*** ?　~如何?
　take〔tek〕*v.* 買

13. (**A**) W : Sir, I want to return this dress. The color changed
　　　　　　after I washed it.

　　　女：先生,我想要退回這件洋裝。我洗過之後就變色了。

　　　M : I'm sorry you can't.

　　　男：我很抱歉,妳不可以退還。

　　　W : What? This dress is bad. And I want my money
　　　　　back now.

　　　女：什麼?這件洋裝是壞的,而且我現在想要拿回我的錢。

　　　M : Sorry, if the dress has been washed, then you can't
　　　　　return it.

　　　男：抱歉,如果這件洋裝已經洗過了,妳就不能退回它。

　　　W : No way. You're really rude to customers. I'd like to
　　　　　see the manager.

　　　女：不行。你對顧客真是無禮。我要見經理。

　　　Question : What does the woman want to do?

　　　　　　　　這位女士想要做什麼?

　　　(A) To get money back. 退錢。

　　　(B) To get the dress cleaned. 拿洋裝去洗。

　　　(C) To fire the manager. 開除經理。

* return〔rɪˈtɜn〕*v.* 退回　　dress〔drɛs〕*n.* 洋裝
　no way 不行;不可以　　rude〔rud〕*adj.* 無禮的
　customer〔ˈkʌstəmə〕*n.* 顧客　　manager〔ˈmænɪdʒə〕*n.* 經理
　clean〔klin〕*v.* 清洗　　fire〔faɪr〕*v.* 開除

14. (**B**) W：Honey, could you buy me a diamond ring? It's my
birthday next Tuesday.

女：親愛的，你可以買鑽戒給我嗎？下週二是我的生日。

M：You already have one, remember? I bought one for
you ten years ago.

男：妳已經有一個了，記得嗎？我十年前買了一個給妳。

W：Yes, but I really need a new one.

女：是的，但是我真的需要一個新的。

M：Anyway it costs too much money. I think a bag will
be more useful.

男：無論如何，這要花太多錢。我覺得一個手提包會更有用。

W：I have enough bags. I just want a diamond ring.

女：我有足夠的手提包。我只要鑽戒。

M：I see. How much is it? Let's go to the department
store later.

男：我明白了。多少錢？我們待會去百貨公司。

Question：What will the man buy for his wife as a
birthday present?

男士將會買什麼給他的妻子當作生日禮物？

(A) A bag. 手提包。
(B) A ring. 戒指。
(C) A department store. 百貨公司。

* honey〔'hʌnɪ〕*n.* 親愛的
diamond〔'daɪmənd〕*n.* 鑽石
ring〔rɪŋ〕*n.* 戒指　　remember〔rɪ'mɛmbɚ〕*v.* 記得
anyway〔'ɛnɪ,we〕*adv.* 無論如何　　cost〔kɔst〕*v.* 花費
bag〔bæg〕*n.* 袋子；手提包　　useful〔'jusfəl〕*adj.* 有用的
see〔si〕*v.* 明白；理解　　***department store*** 百貨公司
later〔'letɚ〕*adv.* 待會

15. (**B**) W : The plane is delayed again.

女：飛機又誤點了。

M : How long do we have to wait this time?

男：我們這次要等多久？

W : About an hour.

女：大約一小時。

M : What a long time. It's boring to wait here.

男：眞久。在這裡等好無聊。

W : Let's do a little shopping while we wait. There is a duty-free shop here.

女：我們等待的時候去逛一下。這裡有免稅商店。

M : Good idea.

男：好主意。

Question : Where are the man and the woman?

男士和女士在哪裡？

(A) At a meeting. 在會議中。

(B) At the airport. 在機場。

(C) At the City Hall. 在市政府。

* plane〔plen〕*n.* 飛機　　delay〔dɪˈle〕*v.* 使延誤
boring〔ˈborɪŋ〕*adj.* 無聊的　　***do a little shopping*** 逛一下街
duty-free〔ˈdjutɪˈfri〕*adj.* 免稅的　　meeting〔ˈmitɪŋ〕*n.* 會議
airport〔ˈɛrˌport〕*n.* 機場　　***City Hall*** 市政府

16. (**A**) W : The pancake in the café tastes like bread.

女：那家咖啡廳裡的煎餅吃起來像麵包。

M : And the soup is salty.

男：而且湯很鹹。

W : Let's complain to the waiter.

女：我們來向服務生抱怨。

M : I don't think it's useful.

男：我不認爲這有用。

W : You're right. Maybe other customers don't feel the same way.

女：你說的對。或許其他的顧客不這麼覺得。

M : Do you want some more cake?

男：妳想要再吃一些蛋糕嗎？

W : No, thanks. I'd like to leave now.

女：不，謝了。我想現在離開。

Question : What do they think of the café?

他們認爲咖啡廳怎麼樣？

(A) It's terrible. <u>很糟糕。</u>

(B) It's wonderful. 很棒。

(C) It's expensive. 很貴。

* pancake〔'pæn,kek〕*n.* 煎餅　　café〔kə'fe〕*n.* 咖啡廳
taste〔test〕*v.* 吃起來　　bread〔brɛd〕*n.* 麵包
soup〔sup〕*n.* 湯　　salty〔'sɔltɪ〕*adj.* 鹹的
complain〔kəm'plen〕*v.* 抱怨　　waiter〔'wetɚ〕*n.* 服務生
same〔sem〕*adj.* 同樣的　　***feel the same way*** 有同樣的感覺
leave〔liv〕*v.* 離開　　***think of*** 認爲
terrible〔'tɛrəbļ〕*adj.* 糟糕的
wonderful〔'wʌndəfəl〕*adj.* 很棒的

17. (**A**) W : Hi, David, you seem worried. What's wrong?

女：嗨，大衛，你似乎很擔心。怎麼了？

M : I can't believe it. I failed the science final exam again.

男：我無法相信，我的自然科期末考又不及格了。

W : Maybe you need help. Have you thought of going to a cram school?

女：或許你需要幫助。你有想過去補習班嗎？

M : I think I had better.

男：我認爲我最好要去。

W : With more practice, you'll be able to do better.

女：有更多的練習，你將能夠考得更好。

M : Thanks for the advice.

男：謝謝妳的忠告。

Question : Why does the man look worried?

這位男士爲什麼看起來很擔心？

(A) Because he didn't do well on the exam.

因爲他考試沒有考好。

(B) Because he goes to the cram school every night.

因爲他每晚去補習班。

(C) Because he will have a science final exam.

因爲他將會有自然科期末考。

* seem〔sim〕*v.* 似乎　　worried〔ˈwɝɪd〕*adj.* 擔心的
fail〔fel〕*v.* （考試）不及格　　***final exam*** 期末考
cram school 補習班　　***had better*** 最好
practice〔ˈpræktɪs〕*n.* 練習　　***do better*** 考得更好
advice〔ədˈvaɪs〕*n.* 忠告

18. (**C**)　W : Look! There's Mr. Sheng. He's a very popular teacher.

女：看！是聖先生。他是一位非常受歡迎的老師。

M : I like him too. He is really funny.

男：我也喜歡他。他眞的很有趣。

W : When lessons are boring, he will tell jokes and we won't nod off during the lessons.

女：當課程很無聊的時候，他會說笑話，我們上課就不會打瞌睡了。

M : But I think he doesn't have much teaching experience.

男：但是我覺得他沒有太多教學經驗。

W : Young teachers are inexperienced. As they have more experience, they will teach better.

女：年輕的老師們經驗不足。當他們有更多經驗時，他們會教得更好。

Question : What is true about Mr. Sheng?

關於聖先生，什麼是眞的？

(A) He's boring. 他是無聊的。

(B) He's experienced. 他是經驗豐富的。

(C) He's young. <u>他是年輕的。</u>

* popular〔'pɑpjələ〕*adj.* 受歡迎的　　funny〔'fʌnɪ〕*adj.* 有趣的
  boring〔'borɪŋ〕*adj.* 無聊的　　***nod off*** 打瞌睡
  inexperienced〔,ɪnɪk'spɪrɪənst〕*adj.* 經驗不足的
  experienced〔ɪk'spɪrɪənst〕*adj.* 經驗豐富的

19. (**C**)　W : Father, I want to take part in the school talent contest.
　　　　　女：爸，我想要參加學校的才藝比賽。

　　　　　M : That's nice! But I hope it will not affect your studies.
　　　　　男：太好了！但是我希望這不會影響妳的學業。

　　　　　W : Don't worry. I will do well on my studies as I
　　　　　　　always do.
　　　　　女：別擔心。我會顧好學業，就像我總是做得好一樣。

　　　　　M : You won't be nervous on the stage, will you?
　　　　　男：妳在台上不會緊張，是嗎？

　　　　　W : Of course not.
　　　　　女：當然不會。

　　　　　M : Then try your best. You do have a good voice, just
　　　　　　　like Jolin.
　　　　　男：那麼就盡妳所能。妳的確有好聽的聲音，就和蔡依林一樣。

　　　　　Question : What will the girl do in the talent contest?
　　　　　　　　　　女孩會在才藝比賽裡做什麼？

　　　　　(A) She'll act. 她將演戲。

　　　　　(B) She'll dance. 她將跳舞。

　　　　　(C) She'll sing. <u>她將唱歌。</u>

　　　　* ***take part in*** 參加　　talent〔'tælənt〕*n.* 才能；才藝
　　　　　contest〔'kɑntɛst〕*n.* 比賽　　affect〔ə'fɛkt〕*v.* 影響
　　　　　studies〔'stʌdɪz〕*n. pl.* 學業　　nervous〔'nɝvəs〕*adj.* 緊張的
　　　　　stage〔stedʒ〕*n.* 舞台　　***try one's best*** 盡力
　　　　　voice〔vɔɪs〕*n.* 聲音　　act〔ækt〕*v.* 演戲

20. (**A**) W : Tommy, your fingernails are too long. It's about time to cut them.

女：湯米，你的手指甲太長。是該修剪它們的時候了。

M : No. I'm thin and tall. I look better with long fingernails.

男：不。我又瘦又高。我有長的手指甲會看起來更好。

W : Listen. You are sure to look more handsome if you get them cut.

女：聽著。如果你把它們都剪掉，一定會看起來更帥。

M : Really? Are you kidding me?

男：真的嗎？妳在開玩笑嗎？

W : No, I am serious. I really think you'll look so much better.

女：不，我是認真的。我真的認為你會看起來好很多。

M : All right, I'll cut them later.

男：好吧，晚一點我會把它們剪掉。

Question : Which is wrong with Tommy?

湯米怎麼了？

(A) He has long nails. 他的指甲很長。

(B) He's thin. 他是瘦的。

(C) He's tall. 他是高的。

* fingernail (ˈfɪŋgɚˌnel) *n.* 手指甲

It's about time to ~ 是該…的時候了

cut (kʌt) *v.* 剪　　thin (θɪn) *adj.* 瘦的

kid (kɪd) *v.* 開…玩笑　　serious (ˈsɪrɪəs) *adj.* 認真的

閱讀測驗 (第 21-60 題，共 40 題)

第一部分：單題 (第 21-35 題，共 15 題)

21. (**A**) 颱風過後，有很多無家可歸的人沒有足夠的食物和衣服。我們何
　　不<u>捐贈</u>一些給他們呢？

　　　　(A) ***donate*** 〔ˈdonet 〕 *v.* 捐贈
　　　　(B) name 〔 nem 〕 *v.* 命名
　　　　(C) visit 〔ˈvɪzɪt 〕 *v.* 拜訪
　　　　(D) surprise 〔 səˈpraɪz 〕 *v.* 使驚訝
　　　　* typhoon 〔 taɪˈfun 〕 *n.* 颱風
　　　　　 homeless 〔ˈhomlɪs 〕 *adj.* 無家可歸的
　　　　　 clothes 〔 kloz 〕 *n. pl.* 衣服

22. (**B**) 當彼得的女兒從椅子上跌下來的時候，他正要<u>前往</u>銀行。

　　　　(A) run along　沿著…而跑
　　　　(B) ***head for***　前往
　　　　(C) wait for　等待
　　　　(D) come up　上來；發生
　　　　* bank 〔 bæŋk 〕 *n.* 銀行　　***fall off***　跌落

23. (**D**) 薇薇安的生日是在感恩節。她是<u>十一月</u>生的。

　　　　* Thanksgiving 〔ˌθæŋksˈgɪvɪŋ 〕 *n.* 感恩節【11 月第四個星期四】

24. (**A**) 如果你有非常嚴重的胃痛，就必須要去看<u>醫生</u>。

　　　　(A) ***doctor*** 〔ˈdɑktɚ 〕 *n.* 醫生　***go to see a doctor***　去看醫生
　　　　(B) leader 〔ˈlidɚ 〕 *n.* 領導者
　　　　(C) dancer 〔ˈdænsɚ 〕 *n.* 舞者
　　　　(D) teacher 〔ˈtitʃɚ 〕 *n.* 老師
　　　　* bad 〔 bæd 〕 *adj.* 嚴重的
　　　　　 stomachache 〔ˈstʌməkˌek 〕 *n.* 胃痛

25. (**C**) 那位老先生的歌聲很優美。每個人都感到非常驚訝。

    (A) bored〔bord〕*adj.*（覺得）無聊的

    (B) exciting〔ɪk'saɪtɪŋ〕*adj.* 令人興奮的

    (C) *surprised*〔sə'praɪzd〕*adj.* 感到驚訝的

    (D) interesting〔'ɪntrɪstɪŋ〕*adj.* 有趣的

    * aged〔edʒɪd〕*adj.* 年老的

      beautifully〔'bjutəfəlɪ〕*adv.* 美妙地

26. (**D**) 我的家庭裡有五個小孩。我們沒有足夠的房間給每個孩子，所以我必須和我的姊姊共用一個房間。

    (A) follow〔'falo〕*v.* 跟隨；遵守

    (B) prepare〔prɪ'pɛr〕*v.* 準備

    (C) repeat〔rɪ'pit〕*v.* 重複

    (D) *share*〔ʃɛr〕*v.* 共用；分享

27. (**D**) 今天是你當經理的第一天。你應該為這個重要時刻盛裝打扮。

    (A) believe〔bɪ'liv〕*v.* 相信

    (B) show off 炫耀

    (C) ring〔rɪŋ〕*v.* 按鈴

    (D) *dress up* 盛裝打扮

    * manager〔'mænɪdʒɚ〕*n.* 經理

      important〔ɪm'pɔrtṇt〕*adj.* 重要的

      moment〔'momənt〕*n.* 時刻

28. (**A**) 陳家習慣在星期天下午去看電影。

    表「特定日子的早、午、晚」，介系詞用 on。

    * *be used to～* 習慣於…   *go to the movies* 去看電影

29. (**C**) A：今天是星期五。現在把垃圾拿出去。

    B：好的，老爸。

    Go take out the trash. = *Go and take out the trash.*

    * trash〔træʃ〕*n.* 垃圾   *right now* 現在

30. (**C**) 爲了享受自然之美，<u>我們全家在空閒時間大多去健行或露營</u>。

依句意，喜歡大自然，應是去野外，故選 (C) *my family spend lots of their free time hiking or camping*

* beauty〔'bjutɪ〕*n.* 美　　nature〔'netʃə〕*n.* 大自然
theater〔'θiətə〕*n.* 電影院；劇場　　join〔dʒɔɪn〕*v.* 參加
activity〔æk'tɪvətɪ〕*n.* 活動　　spend〔spɛnd〕*v.* 花（時間）
free time 空閒時間　　hike〔haɪk〕*v.* 健行
camp〔kæmp〕*v.* 露營　　supermarket〔'supə,mɑrkɪt〕*n.* 超市

31. (**A**) 我今天晚上將會去超市。廚房裡有多少盒牛奶？

milk 爲不可數名詞，可用表單位的 carton（盒）來數，又 be 動詞 are 爲複數動詞，故須用 cartons，選 (A)。

* carton〔'kɑrtn̩〕*n.*（牛奶）盒

32. (**B**) 一如往常，家務事最困難的部分<u>已經被我母親完成了</u>。

依句意爲被動語態，且主詞 part 爲單數，故 (A) 不合，選 (B) *has been finished*「已經被完成」。

* chores〔tʃorz〕*n. pl.* 家事；雜務　　*as usual* 像往常一樣

33. (**C**) 在我旁邊的鞋子<u>是珊咪的，不是他的</u>。

(A) gave 須改成 were given，但句意不合理。(B) is sending 須改成 were sent（被送）才能選。(D) are wonderful 須改成 are a wonderful，gift 爲可數名詞，單數須加冠詞 a。

34. (**D**) 林書豪 191 公分高；<u>在台灣他是大多數人的英雄</u>。

(A)「他必須住在塔裡」，句意不合理。(B) 須去掉 a，因爲 hair 爲不可數名詞。(C) has dreaming 須改爲 has been dreaming 才能選。

* *Jeremy Lin* 林書豪【台籍美裔籃球員】　　tower〔'tauə〕*n.* 塔
dream〔drim〕*v.* 夢想　　hero〔'hɪro〕*n.* 英雄

35. (**A**) 艾蜜莉：妳今天早上要去郵局嗎？

緹　娜：是的，<u>我必須寄一個包裹</u>。

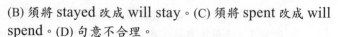

(B) 須將 stayed 改成 will stay。(C) 須將 spent 改成 will spend。(D) 句意不合理。

* send〔sɛnd〕v. 寄　　package〔'pækɪdʒ〕n. 包裹
　stay〔ste〕v. 停留　　photo〔'foto〕n. 照片

第二部分：題組（第 36-60 題，共 25 題）

（36~39）

　　茹比是我們班上的新同學。她很害羞，<u>所以</u>和我們在一起的時
　　　　　　　　　　　　　　　　　　　36
候她感到不自在。我們全部都想要歡迎新同學，並且喜愛和她一起
<u>玩</u>，所以我們常常在休息時間邀請她來打躲避球。噢，我的天啊！
37
她<u>非常</u>怕球，但是球從未打中她。那不是非常奇怪嗎？我們真的不
　　38
知道她怎麼可以如此「幸運」！現在，茹比跟我們每個人都很熟，
而且一點也不<u>孤單</u>。我們班上總是有人會和她說話。
　　　　　39

【註釋】

shy〔ʃaɪ〕adj. 害羞的　　comfortable〔'kʌmfətəbḷ〕adj. 自在的
welcome〔'wɛlkəm〕v. 歡迎　　enjoy〔ɪn'dʒɔɪ〕v. 喜愛
ask〔æsk〕v. 邀請　　dodge〔dɑdʒ〕n. 躲避
dodge ball 躲避球　　break〔brek〕n. 休息時間
oh my 噢，我的天啊　　hit〔hɪt〕v. 擊中
strange〔strendʒ〕adj. 奇怪的　　lucky〔'lʌkɪ〕adj. 幸運的

36.（**D**）依句意，選 (D) ***so***「所以；因此」。

37.（**B**）enjoy + V-ing「喜歡～」，故選 (B) ***playing***。　***play dodge ball***
　　　　打躲避球

38.（**B**）依句意，選 (B) ***very***「非常地」。而 (B) much 用於修飾動詞，過
　　　　去分詞，比較級或最高級，在此不合，(C) ever〔'ɛvə〕adv. 曾經，
　　　　(D) never〔'nɛvə〕adv. 從未，則不合句意。

39. (**C**)　(A) angry〔ˈɛngrɪ〕*adj.* 生氣的
　　　　(B) happy〔ˈhæpɪ〕*adj.* 快樂的
　　　　(C) ***lonely***〔ˈlonlɪ〕*adj.* 孤單的；寂寞的
　　　　(D) cool〔kul〕*adj.* 酷的

（40～43）

> 　　林書豪，<u>出生</u>於1988年8月23日，是美國國家籃球協會（NBA），
> 　　　　　40
> 休士頓火箭隊的一位美國職業籃球選手。
>
> 　　林書豪從哈佛大學畢業後，在2010年和他家鄉的金州勇士隊簽
> 下合約。他在球季中<u>很少上場比賽</u>，並且被分配到NBA的發展聯盟
> 　　　　　　　　　　41
> 三次。他繼續著很少上場比賽的情況。2012年的二月，他意外地領
> 導紐約尼克隊接連獲勝，<u>這引起了接下來全球皆知的*林來瘋*</u>。2012
> 　　　　　　　　　　　　　　　　42
> 年的夏天，林書豪和火箭隊簽下三年的合約。林書豪是NBA的歷史
> 上少數的亞裔美國人之一，也是首位在聯盟打球的中國或台灣裔美
> 國人。他也<u>以他的宗教信仰而聞名</u>。
> 　　　　　　　43

【註釋】

　　professional〔prəˈfɛʃənḷ〕*adj.* 職業的
　　Houston Rockets 休士頓火箭隊【美國職業籃球隊】
　　national〔ˈnæʃənḷ〕*adj.* 國家的　　association〔ə,sosɪˈeʃən〕*n.* 協會
　　NBA 國家籃球協會【美國職業籃球運動聯盟】
　　Harvard University 哈佛大學　　sign〔saɪn〕*v.* 簽下
　　contract〔ˈkɑntrækt〕*n.* 合約　　hometown〔ˈhomˈtaʊn〕*n.* 家鄉
　　Golden State Warriors 金州勇士隊【美國職業籃球隊】
　　season〔ˈsizṇ〕*n.* 球季；賽季　　assign〔əˈsaɪn〕*v.* 分配；指派
　　development〔dɪˈvɛləpmənt〕*n.* 發展　　league〔lig〕*n.* 聯盟
　　continue〔kənˈtɪnju〕*v.* 繼續；持續　　rarely〔ˈrɛrlɪ〕*adv.* 很少
　　unexpectedly〔,ʌnɪkˈspɛktɪdlɪ〕*adv.* 出人意料地　　lead〔lid〕*v.* 領導

winning〔'wınıŋ〕*adj.* 獲勝的　　streak〔strik〕*n.* 連續（輸或贏）
New York Knicks 紐約尼克隊【美國職業籃球隊】
generate〔'dʒɛnəˌret〕*v.* 產生　　global〔'globḷ〕*adj.* 全球的
be known as 被稱爲　　Linsanity〔lın'sænətı〕*n.* 林來瘋
descent〔dı'sɛnt〕*n.* 後裔　　religion〔rı'lıdʒən〕*n.* 宗教

40. (**A**) 依句意，選 (A) ***born*** 「出生的」。

41. (**C**) 依句意，選 (C) ***seldom played*** 「很少上場比賽」。

42. (**D**) 空格應填關代，代替連勝這件事，故 (B) who 不合，又前有逗點，不可用 that，而 (C) where 爲表地點的關係副詞，在此不合。故選 (D) ***which***。

43. (**B**) 依句意，選 (B) ***be known for***「以…而聞名」。而 (B) loved by「受…喜愛」，(C) asking of「要求」，(D) looks up「往上看；查閱」，皆不合句意。

（44～46）

玩具博物館

開放時間：星期一～星期五：上午 10 點～下午 6 點
　　　　　星期六～星期日：上午 9 點～下午 9 點

票價：新台幣 150 元（成人）
　　　新台幣 120 元（18 歲以下學生）
　　　新台幣 100 元（6 歲以下兒童，60 歲以上成人）

注意：1. 禁止寵物。
　　　2. 不可飲食。
　　　3. 不可照相或攝影。

【註釋】

museum〔mju'ziəm〕*n.* 博物館　　ticket〔'tıkıt〕*n.* 票
price〔praıs〕*n.* 價格　　adult〔ə'dʌlt〕*n.* 成人
notice〔'notıs〕*v.* 注意　　pet〔pɛt〕*n.* 寵物　　drink〔drıŋk〕*n.* 飲料
photo〔'foto〕*n.* 照片　　camera〔'kæmərə〕*n.* 攝影機

44. (**B**) 我們什麼時候不能參觀博物館？

    (A) 星期二上午 11 點。   (B) <u>星期一上午 9 點。</u>

    (C) 星期天下午 7 點。   (D) 星期三下午 5 點。

    * visit〔'vɪzɪt〕*v.* 參觀

45. (**B**) 星期天的時候，李女士和她的丈夫，想要帶她 65 歲的父親以及他們 12 歲的兒子去參觀博物館。他們要付多少錢？

    (A) 新台幣 670 元。   (B) <u>新台幣 520 元。</u>

    (C) 新台幣 500 元。   (D) 新台幣 400 元。

46. (**C**) 何者為真？

    (A) 李女士可以在博物館內吃午餐。

    (B) 李女士可以帶她的狗進入博物館。

    (C) <u>博物館每天都開放。</u>

    (D) 博物館每天開放 12 小時。

    * bring〔brɪŋ〕*v.* 帶   open〔'opən〕*adj.* 開放的

（47～49）

>   去年寒假，我的女朋友和我在迪士尼樂園度過第三次約會。那天也是茱蒂的 25 歲生日。這次是為了她和我們的愛情。我們買了許多特別的東西，並且搭乘了一些遊樂設施。我們搭乘「太空山」。這個雲霄飛車很不一樣，因為它是在一個又大又暗的建築物裡。我們覺得好像正飛過宇宙。玩這個很刺激，而且，信不信由你，我們玩了三次。
>
>   在那之後，我們參觀在「卡通城」裡的米奇和米妮的家。我們看那裡的可愛家具。他們的房子非常漂亮。我們都覺得自己是在卡通裡。

【註釋】

spend〔spɛnd〕*v.* 度過　　date〔det〕*n.* 約會

Disneyland〔'dɪznɪ,lænd〕*n.* 迪士尼樂園

special〔'spɛʃəl〕*adj.* 特別的　　***go on*** 進行

ride〔raɪd〕*v., n.* 搭乘；乘坐　　space〔spes〕*n.* 太空

roller coaster〔'rolə'kostə〕*n.* 雲霄飛車　　dark〔dɑrk〕*adj.* 暗的

building〔'bɪldɪŋ〕*n.* 建築物　　through〔θru〕*prep.* 經過；旁邊

believe it or not 信不信由你　　furniture〔'fɝnɪtʃə〕*n.* 家具

pretty〔'prɪtɪ〕*adj.* 漂亮的　　cartoon〔kɑr'tun〕*n.* 卡通

47.(**B**) 茱蒂幾歲？

(A) 23 歲。　　(B) <u>25 歲。</u>

(C) 28 歲。　　(D) 我們不知道。

48.(**C**) 茱蒂沒有做什麼？

(A) 她去迪士尼樂園玩。

(B) 她買了許多特別的東西。

(C) <u>坐雲霄飛車超過三次。</u>

(D) 她參觀米奇和米妮的家。

　　* ***take a trip to*** 去一趟~

49.(**D**) 他們為什麼去旅行？

(A) 迪士尼樂園是非常有趣的地方。

(B) 因為是米妮的生日。

(C) 他們喜歡米奇和米妮。

(D) <u>因為那是他們第三次約會。</u>

（50～52）

蝴蝶

噢蝴蝶，蝴蝶
教我們飛
我們想要到達天空
觸摸皓月
和繁星遊玩
噢蝴蝶，蝴蝶
教我們如何與爲什麼
妳是這般美麗
我們想要變得
像妳一樣美
吸引所有人的注意
噢蝴蝶，蝴蝶
告訴我們<u>方法</u>
52
讓我們能夠
使自己多彩多姿
並且讓我們能嬉戲
我們想要變得愉快
噢蝴蝶，蝴蝶
告訴我們秘密
關於妳的美麗
<u>揭開</u>妳的神秘
妳是怎麼飛
我們想要飛
就像妳這美麗的蝴蝶
噢蝴蝶，蝴蝶

莎士康・尼尙・莎瑪

【註釋】

butterfly〔'bʌtɚ,flaɪ〕n. 蝴蝶　　reach〔ritʃ〕v. 到達

milky〔'mɪlkɪ〕adj. 乳白色的　　beautify〔'bjutə,faɪ〕v. 使變得美麗

attract〔ə'trækt〕v. 吸引　　attention〔ə'tɛnʃən〕n. 注意

way〔we〕n. 方法　　colourful〔'kʌləfəl〕adj. 多彩多姿的

playful〔'plefəl〕adj. 嬉戲的

cheerful〔'tʃɪrfəl〕adj. 感到愉快的

secret〔'sikrɪt〕n. 秘密　　unveil〔ʌn'vel〕v. 揭開

mystery〔'mɪstrɪ〕n. 神秘

Shashikant Nishant Sharma 莎士康‧尼尙‧莎瑪【印度詩人】

50. (**C**) 關於這首童謠，何者爲非？

　　(A) 蝴蝶可以飛很高。

　　(B) 作者喜歡蝴蝶。

　　(C) 蝴蝶告訴我們每一個秘密。

　　(D) 作者想要變得愉快。

　　* ***nursery rhyme*** 童謠

51. (**D**) Unveil 是什麼意思？

　　(A) 計畫。　　　　　　(B) 走路。

　　(C) 吃。　　　　　　　(D) 揭露。

　　* mean〔min〕v. 意思是

　　　 reveal〔rɪ'vil〕v. 揭露

52. (**A**) 空格中的字可能是什麼？

　　(A) 方法。　　　　　　(B) 工具。

　　(C) 幫助。　　　　　　(D) 喜悅。

　　* lost〔lɔst〕adj. 消失了的　　tool〔tul〕n. 工具

　　　 help〔hɛlp〕n. 幫助　　joy〔dʒɔɪ〕n. 喜悅

(53～56)

原木蛋糕

* 原料：

　　一塊預先做好的蛋糕捲

　　200 毫升奶油

　　50 克牛奶巧克力

　　一包巧克力

　　一些聖誕節裝飾品

* 步驟：

　　1. 從蛋糕的一邊切下兩公分，留著之後用。將巧克力切一半。

　　2. 巧克力奶油：將 50 毫升的奶油加熱，直到它開始沸騰。加入切碎的數片巧克力並且融化它們。冷卻一段時間，接著加入剩下的奶油。完全冷卻下來後攪拌。

　　3. 將巧克力奶油塗在蛋糕的表面。用星形的奶油裝飾表面末端。用巧克力裝飾表面，讓蛋糕像原木。

　　4. 用一些聖誕節裝飾品來完成。

【註釋】

log〔lɔg, lɑg〕n. 原木；圓木　　ingredient〔ɪnˈgridɪənt〕n. 原料

roll〔rol〕v. 捲；繞　　*rolled up* 捲起來的

milliliter〔ˈmɪlɪˌlitɚ〕n. 毫升　　cream〔krim〕n. 奶油

liter〔ˈlitɚ〕n. 公升　　packet〔ˈpækɪt〕n. 包

Christmas〔ˈkrɪsməs〕n. 聖誕節　　decoration〔ˌdɛkəˈreʃən〕n. 裝飾品

step〔stɛp〕n. 步驟　　cut〔kʌt〕v. 切　　*cut off* 切下

save〔sev〕v. 保留　　later〔ˈletɚ〕adv. 待會

in half 成兩半　　heat〔hit〕v. 加熱　　*ml* 毫升（= milliliter）

boil〔bɔɪl〕*v.* 沸騰　　chop〔tʃɑp〕*v.* 切碎
chopped up 切碎的　　melt〔mɛlt〕*v.* 使融化
cool〔kul〕*v.* 冷卻　　add〔æd〕*v.* 加
completely〔kəm'plitlɪ〕*adv.* 完全地
whip〔hwɪp〕*v.* 用力攪打　　spread〔sprɛd〕*v.* 塗
surface〔'sɝfɪs〕*n.* 表面　　decorate〔'dɛkə,ret〕*v.* 裝飾
shape〔ʃep〕*v.* 使成…形狀　　***star shapped*** 星形的
resemble〔rɪ'zɛmbḷ〕*v.* 像　　***finish off*** 完成；結束

53.（**B**）這是做＿＿＿＿＿＿的食譜。

    (A) 一個派　　　　　　(B) <u>一個蛋糕</u>

    (C) 餅乾　　　　　　　(D) 一種飲料

    ＊ recipe〔'rɛsəpɪ〕*n.* 食譜　　pie〔paɪ〕*n.* 派

      cookie〔'kukɪ〕*n.* 餅乾

54.（**A**）根據食譜，我們需要幾顆蛋？

    (A) <u>零顆。</u>　　　　　(B) 三顆。

    (C) 八顆。　　　　　　(D) 十顆。

55.（**D**）我們需要多少奶油？

    (A) 200 升。　　　　　(B) 50 升。

    (C) 50 毫升。　　　　　(D) <u>200 毫升。</u>

56.（**A**）在食譜裡我們不需要什麼？

    (A) <u>牛奶。</u>　　　　　(B) 巧克力。

    (C) 奶油。　　　　　　(D) 一些聖誕節裝飾品。

（57～60）

以下是一則廣告。閱讀並回答問題。

維多利亞的秘密別墅

　　沿著古塔村的美麗山路，開車約半小時，你會發現前方，有一些漂亮的建築物，就在一條清澈河流的旁邊。維多利亞的秘密別墅是遠離人類世界的高級度假勝地。

　　那裡有各種房間和設施，提供你和你的家人，以及朋友使用。蘇女士以她的手工甜點而聞名。孩子們可以玩得很愉快，擠牛奶和餵馬。也歡迎你帶自己的可愛寵物。我們歡迎你以及動物。這個週末計畫一趟旅行，並且待在這裡，享受我們在假期中為你準備的舒適體驗。

　　　　　　來之前請先打電話。

　　　　　　（06）889-2345

【註釋】

ad〔æd〕*n.* 廣告（ = *advertisement* ）　　villa〔'vɪlə〕*n.* 別墅
along〔ə'lɔŋ〕*prep.* 沿著　　village〔'vɪlɪdʒ〕*n.* 村莊
building〔'bɪldɪŋ〕*n.* 建築物　　***right next to*** 就在…旁邊
clear〔klɪr〕*adj.* 清澈的　　high-end〔'haɪ,ɛnd〕*adj.* 高級的
resort〔rɪ'zɔrt〕*n.* 度假勝地　　facilities〔fə'sɪlətɪz〕*n. pl.* 設施
famous〔'feməs〕*adj.* 有名的　　***be famous for*** 以…而有名
handmade〔'hænd,med〕*adj.* 手工的　　dessert〔dɪ'zɜt〕*n.* 甜點
milk〔mɪlk〕*v.* 擠（奶）　　cow〔kaʊ〕*n.* 母牛
feed〔fid〕*v.* 餵　　horce〔hors〕*n.* 馬
welcome〔'wɛlkəm〕*adj.* 受歡迎的 *v.* 歡迎
lovely〔'lʌvlɪ〕*adj.* 可愛的　　pet〔pɛt〕*n.* 寵物　　***as well as*** 以及
plan〔plæn〕*v.* 計畫　　prepare〔prɪ'pɛr〕*v.* 準備
vacation〔ve'keʃən〕*n.* 假期

57.（ **C** ）維多利亞的秘密別墅可能是什麼？

　　　(A) 一間公園旁的咖啡廳。

　　　(B) 一間販賣動物食品的餐廳。

　　　(C) <u>一間鄉村旅館。</u>

　　　(D) 一間烹飪學校。

　　　* sell〔sɛl〕v. 販賣　　café〔kəˋfe〕n. 咖啡廳

　　　　country〔ˋkʌntrɪ〕adj. 鄉村的

　　　　cooking〔ˋkʊkɪŋ〕adj. 烹飪的

58.（ **D** ）從古塔村開車到維多利亞的秘密別墅要花多久時間？

　　　(A) 13 秒。　　　　　　　　(B) 13 分鐘。

　　　(C) 35 秒。　　　　　　　　(D) <u>35 分鐘。</u>

　　　* second〔ˋsɛkənd〕n. 秒

59.（ **A** ）蘇女士是？

　　　(A) <u>一位廚師。</u>　　　　　　(B) 一位秘書。

　　　(C) 一位女服務生。　　　　(D) 一位學生。

　　　* cook〔kʊk〕n. 廚師

　　　　secretary〔ˋsɛkrəˌtɛrɪ〕n. 秘書

60.（ **B** ）如果你想要在那裡度假，在去之前要先做什麼？

　　　(A) 寄電子郵件到維多利亞的秘密別墅。

　　　(B) <u>打一通電話。</u>

　　　(C) 寄一封信給經理。

　　　(D) 什麼都不用做。

　　　* *feel like*+V-ing 想要　　e-mail〔ˋiˌmel〕v. 寄電子郵件給～

　　　　manager〔ˋmænɪdʒɚ〕n. 經理